Christina Kiehs-Glos

Iris

Christina Kiehs-Glos

Iris

Eine Heilpflanze verwandelt das Wasser

Mit Fotografien der Autorin

aethera®

Meinen Kindern Katja und Gunnar zugeeignet

Christina Kiehs-Glos liebt als Heimatstadt und Aufenthaltsort Schwäbisch Gmünd.
Pharmazeutisches Wissen und künstlerische Interessen finden Ausdruck in der Fotografie und begleitenden Worten.
Das Wesen von «heilenden Pflanzen» durch «heilende Bilder» zu vermitteln, ist das Anliegen.
Es ist erwachsen aus dem naturwissenschaftlichen Studium, der Begegnung mit der Geisteswissenschaft Rudolf Steiners, der Beschäftigung mit fernen Kulturen und eigenen Erfahrungen.

1. Auflage 1999
aethera im Verlag Freies Geistesleben & Urachhaus GmbH
Landhausstr. 82, 70190 Stuttgart
Internet: www.aethera.de
ISBN 3-7725-5000-2
Verlag Freies Geistesleben & Urachhaus GmbH, Stuttgart
Druck: Uhl, Radolfzell

Inhalt

Wege zur Iris 7

Die Iris beobachten 9

Das Rhizom: Wurzelstock und liegender Sproß 9
Die Wurzel 15
Das Blatt 18
Der blütentragende Sproß 25
Die Blüte 32
Inhaltsstoffe 45

Pflanzengeschichte der Iris 49

Die Iris in der Kulturgeschichte 53

Ägypten 53
Griechenland 54
Frankreich 55
Christliche Kunst 57
Volkstum 58

Die Kulturpflanze 62

Duftquelle vom Mittelalter bis zur Neuzeit 62
Biologisch-dynamischer Iris-Anbau heute 65
Wandel in der Duftindustrie 67

Die Nutzpflanze 68

Die Heilpflanze 71

Irisarten 75

Die Iris verstehen 81

Strukturen – Die Wellung 81
Formen – Die Dreizahl 84
Farben – Das Regenbogenspektrum 85
Texturen – Zellgewebe 87
Prozesse – Wasser 89
Prozesse – Wandlung 92

Literaturhinweise 94

Wege zur Iris

Eine Pflanze begleitet mich seit Kindertagen: die Schwertlilie, unsere Iris germanica. Waren es die grau-grünen, schwertartigen Blätter, die im bunten Blumengarten der Eltern fremdartig wirkten und zum fantasievollen Spiel anregten, so faszinierte mich später die für europäische Pflanzen außergewöhnliche Größe und einzigartige «Architektur» der Blüte. Auf Gemälden begegnete mir häufig die «blaue Iris» als Heilpflanze und daher besonders häufig auf Marienbildern.

An der Blüte schulte ich meine Achtsamkeit, Wahrnehmungs- und Empfindungsfähigkeit, die weit über die rein naturwissenschaftliche Beobachtung hinausreicht und das Zusammenwirken von Mensch und Pflanze dichter erleben läßt.

Die heilende Wirkung einer Pflanze aus ihrer Gestalt und ihren Lebensäußerungen zu erkennen, beschäftigte schon Paracelsus. Bot mir mein Irisgarten die Möglichkeit, jede Veränderung im Jahreslauf genauestens zu verfolgen, so spürte ich mit großem Interesse Fundorte der Irisgewächse unter extremen geologischen, klimatischen und ökologischen Bedingungen auf: von den Sumpfwiesen rund um den Bodensee, in denen Iris sibirica und Iris pseudacorus heimisch sind, bis in die peruanischen Anden, wo in 4900 m Meereshöhe die kleinste und zarteste 4 cm hohe Irisart Sisyrinchium von einem Minimum an Nahrung und Wasser existiert.

Welche Energien unserer Erde und des Kosmos verwandelt Iris in besonderer Weise? Das rhythmische Geschehen im Wurzelstock-, Blatt- und Blütensproßbereich ist augenscheinlich. Das innere Strömen prägt bei Iris Streifen-, Wellen- und Spiralformen aus; dies sind Bewegungsmuster der Energie des Elementes Wasser. Wasser, Feuchtigkeit als heilendes Element, gewandelt und ergänzt durch Mineralien, Bindestoffe, ätherische Öle – das ist Wissen und Weisheit alter Kulturen.

Nicht die Veröffentlichung aller über die Iris bekannten Fakten ist mein Anliegen. Ich möchte vielmehr am Beispiel Iris meine persönliche Art wahrzunehmen darstellen, um Ihre Sehnsucht nach eigenen Begegnungen zu wecken.

Dieses Buch ist in geistiger Zusammenarbeit mit Menschen der Weleda AG entstanden, die der Iris nahestehen. Ihnen und allen, die beim Verlag Freies Geistesleben sich liebevoll meiner Bilder und Texte annahmen, sei herzlich gedankt.

Januar 1999, Christina Kiehs-Glos

Die Iris beobachten

Bei dem Versuch, eine Iris an einem trockenen Berghang auszugraben, stößt der Spaten auf einen Pflanzenteil, der sich an die Erde klammert und gegen das Herausheben stemmt. Er liegt nach oben geschützt unter dem Blattwerk des vergangenen Jahres, das ihn sanft und feucht bedeckt, vor Austrocknung und Erfrieren bewahrt. Ein Zwitterwesen ist dieser Teil der Iris, weder eindeutig als oberirdisch noch als unterirdisch zu bezeichnen. Farblich erinnert er an eine Knolle, doch die Oberfläche zeigt wellenartige Struktur.

Das Rhizom: Wurzelstock und liegender Sproß • Die Wurzel • Das Blatt • Der blütentragende Sproß • Die Blüte • Inhaltsstoffe

Das Rhizom: Wurzelstock und liegender Sproß

Ein Zwitterwesen

Wanderte dieser Pflanzenteil aus dem Wurzelreich nach oben, oder ist es ein Stengel- bzw. Sproßteil, der die Tiefe der Erde sucht?

Botaniker sprechen bei diesem Basislager der Pflanze vom Wurzelstock, vom liegenden Sproß, und verwenden den griechischen Ausdruck Rhizom.

Sproß, sprießen, erweckt die Vorstellung einer Aufwärtsbewegung. Der Stengel als Sproß, Keimlinge als Sprosse sind uns vertraut. Liegende Sprosse sind dem Auge nicht so leicht zugänglich und in der Pflanzenwelt selten so deutlich ausgeprägt wie bei den Irisgewächsen. Farne, Kalmusarten und Ingwergewächse weisen jedoch auch dieses Phänomen auf. Wenn wir auf Märkten frischen Ingwer kaufen, erhalten wir genau diesen Rhizomteil für unsere asiatische Küche. Der scharfe Geschmack wird uns später bei der Iris näher interessieren.

Nach unten: Wurzeln gebärend

Setzen wir bei der Iris nochmals den Spaten an und heben das Gebilde vollständig aus der Erde. Aus dem liegenden Teil staken ungelenke, wurmar-

Abb. 1: Der liegende Sproß, ein Organ mit drei Hauptfunktionen: Wasserspeicherung, Verankerung und Fortpflanzung

Abb. 2: Der Wurzelstock, Verbindungsglied zwischen dem Wurzelsystem (Aufnahme von Feuchtigkeit aus der Erde) und dem aufrechten Sproß (Aufnahme von Feuchtigkeit aus der Atmosphäre)

tige Fortsätze, die in wenigen feinen Verästelungen enden. Dies sind die eigentlichen Wurzeln, die wir einer gesonderten Betrachtung unterziehen. Wir folgern: Das Rhizom ist ein Wurzeln gebärender Pflanzenabschnitt, ein Wurzelstock.

Nach oben: Blätter treibend

Wollen wir das Wesen einer Pflanze erforschen, so darf keine Beobachtung übergangen werden, und so kehrt unser Blick zu den Wellenstrukturen auf der Oberfläche zurück. Die vertrockneten Blätter des Vorjahres fallen beim «Entblättern» des Rhizoms leicht ab. An ihrer Ansatzstelle bleibt eine «kleine Welle» zurück, punktförmige Narben ragen heraus. Blätter entspringen nie direkt einer Wurzel, sondern nur dem Sproß. Ein Vergrößerungsglas hilft weiter zur Bestimmung der Narbenpunkte: Abgerissene, vertrocknete Gefäßverbindungen zwischen Sproß und Blatt hatten einst wichtige Nährstoff-Transportaufgaben übernommen. Ist das Rhizom mehr Sproß als Wurzel?

Liegend und gestaucht

Im 90°-Winkel spreiten sich die jungen Schwertlilienblätter vom liegenden Sproß ab und stehen dadurch senkrecht nach oben. Dieser Spreitungsgrad entspricht somit genau dem Winkel, den ein Stengelblatt beim aufgerichteten Sproß in die Waagrechte einnimmt. Der Abstand der Blätter zueinander ist jedoch beim liegenden Sproß wesentlich kleiner; sie stehen so dicht, daß der Blattfächer wie ein einziges Blatt erscheint. Als ob ein Stengel von 1 m Länge auf 10 cm zusammengedrückt wäre, mutet das Rhizom an. Es ist ein liegender und gleichzeitig gestauchter Sproß, die «Wellen» bilden sich im Abstand der Internodien, der Stengelknoten.

Abb. 3: Die Pflanzenorgane in der Fachsprache

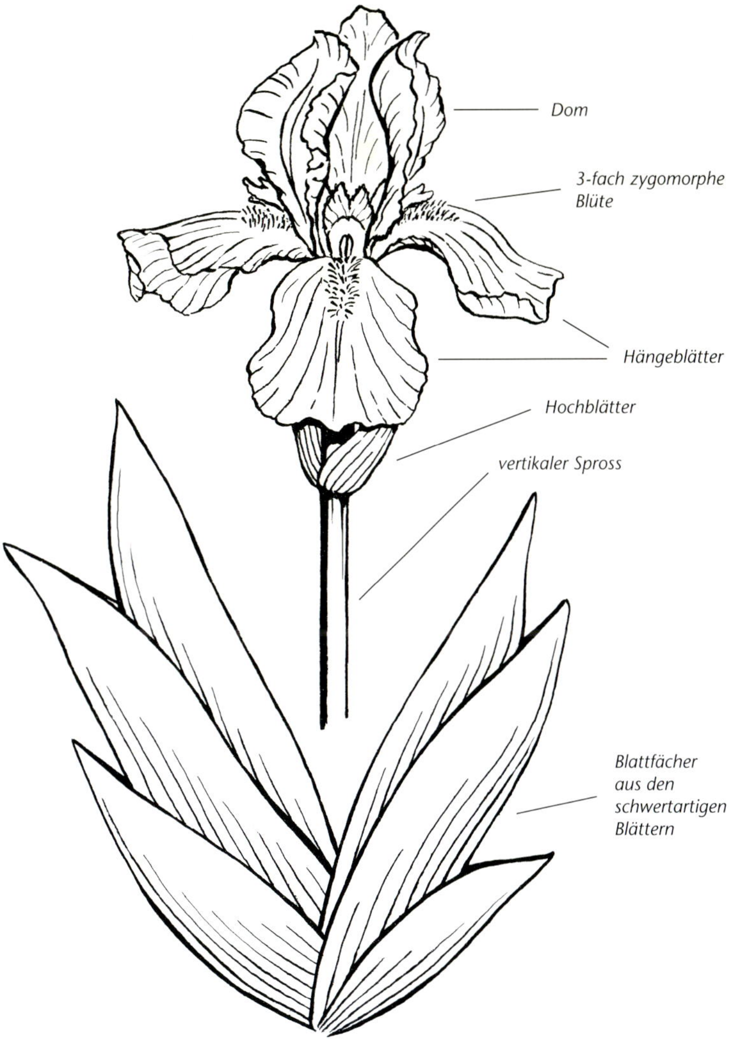
Dom
3-fach zygomorphe Blüte
Hängeblätter
Hochblätter
vertikaler Spross
Blattfächer aus den schwertartigen Blättern

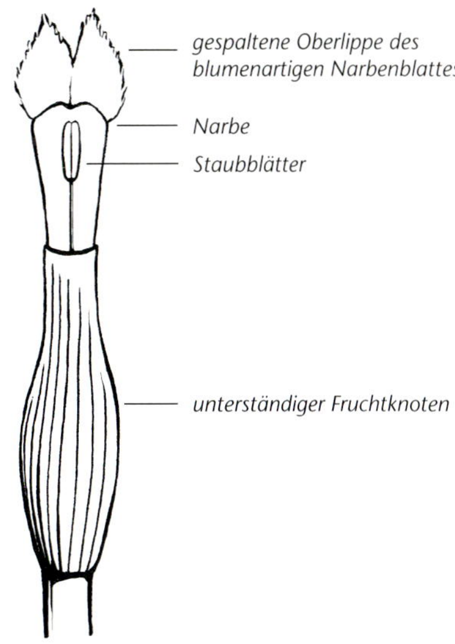
gespaltene Oberlippe des blumenartigen Narbenblattes
Narbe
Staubblätter
unterständiger Fruchtknoten

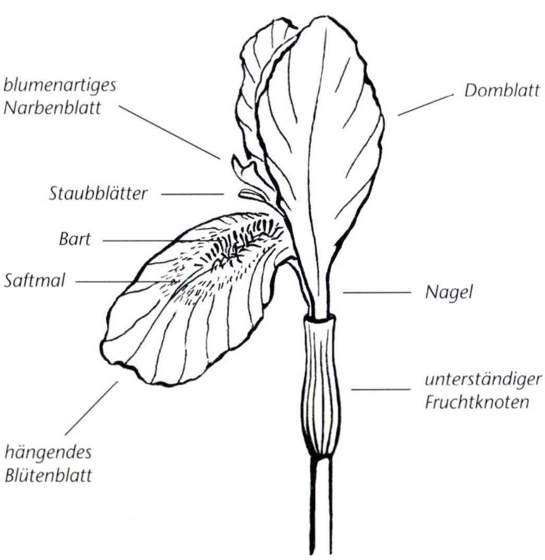
blumenartiges Narbenblatt
Staubblätter
Bart
Saftmal
hängendes Blütenblatt
Domblatt
Nagel
unterständiger Fruchtknoten

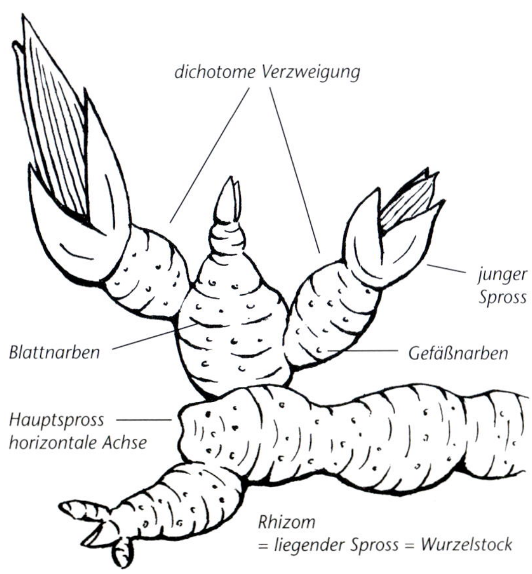
dichotome Verzweigung
junger Spross
Blattnarben
Gefäßnarben
Hauptspross horizontale Achse
Rhizom
= liegender Spross = Wurzelstock

Abb. 4 und 5: Vegetative Vermehrung: rhythmische Fortpflanzung seit Jahrmillionen

Vergangenes Wachstum wird sichtbar

Länglich walzenförmig bis rundlich knollenartig mit leichten Einschnürungen, reihen sich die einzelnen gestauchten Sproßabschnitte aneinander, als ob ein innerer Rhythmus das Gewebe durchpulste. Spüren wir unseren europäischen Jahresrhythmen nach, so entdecken wir Zusammenhänge: zaghaft das Wachstum in den ersten sonnigen Spätwintertagen. Pralle Feuchtigkeitsfülle nach lauen Frühlingsregen löst Längen- und Dickenwachstum vermehrt aus. Langsam bahnt sich nach Sommertrockenheit die Herbst- und Winterruhe an, eine Verjüngung der Form oder Einschnürung beginnt. Der Vergleich mit dem Stammquerschnitt eines Baumes drängt sich auf. Dort spiegeln Jahresringe die Wachstumsbedingungen in Vergangenheit und Gegenwart wider in ihrem Wechsel von Weite und Dichte.

Ein urtümliches Wachstumsprinzip ist erkennbar

Diese beschriebene Entwicklung beschränkt sich nicht auf die Mittelachse des Rhizoms. Sie bildet aber den zentralen Hauptsproß, der sich rhythmisch nach einem ursprünglichen System verzweigt, wie es in der Frühgeschichte der Pflanzenentwicklung bereits auftrat und bis heute bei Pflanzenarten, die Jahrmillionen überdauert haben, noch erhalten ist. Die Mittelachse treibt zwei Seitenäste, diese teilen sich wiederum in Rechts-links-Ausrichtung. Es ist das Grundprinzip der dichotomen Verzweigung, das wir in Gedanken beliebig fortsetzen können. Findet diese Entwicklung keine Einschränkung im freien Raum, so entsteht die Kugel als Raumkörper. Die Mistel in der luftigen Höhe einer Pappel, Linde oder Tanne ist uns in dieser Wuchsform vertraut. Aber auch im Wasser schwimmen Kugelgebilde der Rot-, Braun- und Grünalgen.

Das Irisrhizom dagegen wird in seiner Raumentfaltung durch das Erdelement gebremst und trägt doch als Sproß in sich die Sehnsucht nach dem allumflutenden Licht. Aus «innerem Drang» und äußerer Bedingung entsteht eine Eigendynamik: Knollig und doch flach kriecht das Rhizom in der Erde, auf der Erde. Tierhaftes bricht in dieses Pflanzensystem ein. Auf diese Weise schaffen sich auch zu tief eingegrabene Irisrhizome im Laufe der Jahre nach oben, sie drängen nach Luft, obgleich ihre Außenhaut die Fähigkeit zur Atmung, zur Aufnahme von CO_2 durch Spaltöffnungen verloren hat. Sie streben nach Licht, obgleich die Sonnenenergie nicht mit Chlorophyll umgesetzt werden kann. Der grüne Farbstoff Chlorophyll fehlt in den äußeren Schichten und im Speichergewebe tief im Inneren des Rhizoms! Nur das Bildungsgewebe für neue Zellen, das Kambium, läßt einen grünen Schimmer ahnen.

Das Rhizom kriecht

Zum dritten Mal begegnen uns in diesem Pflanzenteil gegenläufige Entfaltungsgrundsätze: Das Höhenstreben wird unterdrückt, das Längenwachstum gestaucht, die Raumentfaltung eingeengt.

Dreifache Einschränkung des Wachstums

Wozu führt die in unseren Augen dreifache Einschränkung? Zu einer Sammlung, zu einer Konzentration aller Kräfte in der Mitte. Geborgen und für unsere Augen verborgen erschaffen Wasser-, Erd-, Licht- und Luftenergien das Iris-Planzenzentrum, das Rhizom.

Verdichtete Lebensenergie, schlummernde Vitalität, dies kennen wir aus dem Pflanzenreich in mannigfaltiger Form: Zwiebeln, Knollen, Früchte, Samen bergen und verbergen auf kleinstem Raum das Geheimnis der «Unsterblichkeit», der Fortpflanzung.

Das Irisrhizom ist also Verankerungsorgan und Fortpflanzungsorgan in einem, und damit kommt ihm wesentliche Bedeutung für die Pflanze zu.

Verankerungs- und Fortpflanzungsorgan in einem

Betrachten wir den Sproß als Ganzes, so ist er ein zweigeteiltes Organ mit doppelter Fortpflanzungsaufgabe. Wie wir später sehen, findet am senkrechtstehenden, grünen Sproßteil die Blüten-, Frucht- und Samenbildung statt, die sogenannte geschlechtliche Vermehrung. Die Teilung des liegenden Sprosses entspricht der vegetativen Fortpflanzung. Mutterschoß der Iris möchte ich das Rhizom nennen.

Die Iris beschreitet also zwei Wege zur Erhaltung und Verbreitung ihrer Art: oberirdisch durch Samen (zumindest bei den Wildirisarten), unterirdisch durch Sprossung. Iris ist eine alte und weitverbreitete Pflanze, den Weg durch die Jahrmillionen sicherte sie sich doppelt. Das Rhizom als «unterirdische Lebensversicherung», das ist auch für uns Menschen interessant: Iris als Heilpflanze wird uns im pharmazeutischen Teil des Buches begegnen. Als Jäger und Sammler lernten wir uns von Samen (Getreide), Früchten (Beeren, Nüsse, Steinobst ...) zu ernähren und ergänzten früh durch Rüben, Wurzeln, Knollen. Sie sind Pflanzenspeicher und enthalten stets Stärke. Stärke ist umgewandelter Zucker, verdichtet auf kleinstem Raum, den sogenannten Stärkekörnern. Stärke läßt sich unter chemischen Prozessen in der Pflanze wieder in nährende Zuckerlösung zurückverwandeln.

Zwei Wege der Fortpflanzung: vegetativ und geschlechtlich

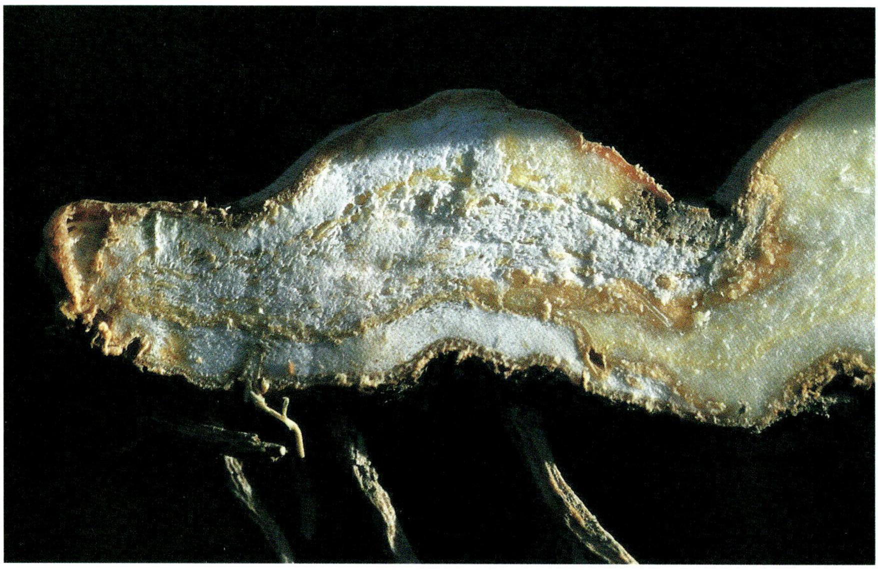

Abb. 6: Rhizom-Längsschnitt: korkartige Außenhaut, Kambium, Innenzellstruktur mit Quellvermögen

So finden wir auch bei der chemischen Analyse des Irisrhizoms Stärke als Reservenährstoff für weiteres Wachstum. Alle im Rhizom eingelagerten Substanzen dienen zunächst zur Sicherung der Arterhaltung. Unerläßlich ist die Einlagerung von Wasser bei einer Pflanze, die in Trockengebieten heimisch ist. Iris produziert Schleim, der die Fähigkeit hat, Wasser zu binden und bei Bedarf langsam wieder abzugeben, wohldosiert. Als weiteren Hauptbestandteil des Rhizomgewebes findet sich ätherisches Öl. Der Blütenduft – zunächst noch materiell gebunden – kündigt sich an. Der Duft, das Lockmittel für Hummeln, Bienen, Schwebfliegen, sichert die geschlechtliche Vermehrung.

Wir vervollständigen die Beschreibung dieses Irispflanzenteils und ergänzen: Die Hauptaufgaben des Rhizoms sind

- Verankern
- Fortpflanzen
- Speichern der Nährstoffe.

Das Kambium, die zellbildende Schicht

Wachstum setzt Zellteilung voraus. Im Pflanzenreich übernimmt das Kambium, ein Zell-Bildungsgewebe, die Garantie für die fortlaufende Erneuerung und die Möglichkeit des Dickenwachstums. Zwei erdfarbene Hautschichten müssen wir im Rhizom durchdringen, um die grüne Kambiumzellschicht zu entdecken. Die Kambiumzellen «kennen» gleichsam den Strukturplan für den Aufbau des gesamten Pflanzengefüges. Sie steuern die Spezialisierung bei der Zellneubildung. Geben sie in die Außenhaut den Impuls zur Bildung korkartiger Abschlußzellen, so prägen sie nach innen den luftig, wäßrigen Gewebeaufbau.

Im Längsschnitt erkennen wir diese Schichtung und stellen fest, daß dem Innenbereich des Rhizoms jeglicher Farbstoff fehlt. Noch einmal kommen wir am Vergleich mit einer Wurzel nicht vorbei, denn Wurzeln fehlt das Chloro-

Abb. 7: Das «kriechende» Rhizom – Pflanze oder Tier?

phyll, der grüne Farbstoff der Blätter. Die Einlagerung von Karotin, wie bei der Karotte, oder von Anthocyanen, wie bei der Roten Beete, fehlen bei den Irisgewächsen, die Trockengebiete bewohnen. Einen rot-gelben Farbstoff treffen wir bei der gelben Wildiris, Iris pseudacorus, an. Nichts deutet jedoch auf blau-violette Anteile hin.

Wir haben das «Herz» der Pflanze entdeckt und spüren nach, wie der Herzschlag alle anderen Organe durchpulst und belebt.

Die Wurzel

Weltweit stehen Irisliebhaber, Sammler, Züchter miteinander in Verbindung und tauschen ihre Schätze aus. Die pflegeleichte Iris ermöglicht dies, indem sie völlig zurückgezogen in ihrem Rhizombereich existiert, überdauert und dennoch ein Weiterwachsen garantiert.

Ohne Blätter, ohne Wurzeln kann das Rhizom Monate der Trockenheit unbeschadet überstehen. Wurzeln dienen der Erdverankerung und zur Nahrungsaufnahme und sind auch für die Iris unentbehrlich, um neu Fuß zu fassen.

Wurzelentwicklung

In Versuchsreihen ließ sich die Wurzelentwicklung bei der Iris aufschlußreich beobachten:

1. In Regenwasser

Das mumienhaft geschrumpfte Rhizom treibt – in reines Wasser gelegt – binnen 14 Tagen aus regelmäßigen, 2 bis 3 Millimeter starken Wurzeln ein dichtes, weißes Wurzelwerk, das die verborgene Vitalität kraftvoll ausstrahlt. Der Sproßteil selbst quillt zu seiner ursprünglichen Form auf.

Abb. 8:
Wurzelentwicklung in schwerem Boden

Abb. 9:
Wurzelentwicklung in lockerer Erde

2. In schwerem, feuchtem Boden

In schwerem, feuchtem Boden, der täglich gewässert wird und dadurch Staunässe bildet, zeigen sich nach ca. drei Wochen an der Rhizomspitze Wurzelansätze in geringer Zahl. Stumpf und gedrungen durchbrechen sie mühsam die ledrige Haut und schieben sich bohrend senkrecht in die Tiefe. Bei 5 bis 6 cm Länge stülpen sich Seitenwurzeln aus, die, stark mit Wurzelhaaren überfilzt, kräftig Wasser und Nährstoffe zu saugen beginnen und allmählich zum Anschwellen des gesamten Rhizomkörpers beitragen. Alsbald bilden sich immer mehr Hauptwurzeln, die das Rhizom langsam aus der Zone der Staunässe heraus nach oben heben. Die Wurzeln selbst beginnen alsbald zu faulen und abzusterben.

3. Im lockeren, feuchten Boden

Im lockeren, feuchten Boden mit guter Wasserabzugsmöglichkeit dauert die Wurzelentwicklung am längsten, doch es zeigen sich Wurzelcharakteristika, wie wir sie in Iriskulturen oder Wildvorkommen unter optimalen Bedingungen ausgebildet finden: walzenförmig mit deutlicher Wellenstruktur, an farblose Regenwürmer erinnernd, strecken sich Haft- und Zugwurzeln Halt suchend durch die Krume. Ihre Länge ist begrenzt auf 8 bis 10 cm. Feine Saugwurzeln entsprossen in lockerem Abstand den Zugwurzeln und führen nur sehr langsam Wasser und Nährstoffe dem Wurzelstock zu, der sich fest an die Erde anschmiegt, um mit seiner gesamten Oberfläche Feuchtigkeitskontakt zu erhalten.

Abb. 10:
Rhizom: schlummernde Vitalität im Mutterschoß der Iris

Während die Zug- und Haftwurzeln von kräftiger und zäher Ausformung einem gewissen Grad an Austrocknung standhalten, zeigt sich größere Emp-

Abb. 11: In Farbe und Form lebt die Iris ihre Individualität innerhalb der Trockenrasengesellschaft im Apennin.

findlichkeit bei den elastisch, drahtigen Saugwurzeln. Bei Wasserentzug erfolgt binnen Stunden eine Rückgabe der Feuchtigkeit in die Haftwurzeln, aber wohl auch von dort ins Rhizom, das ja als Wasserspeicher dient und bei Austrocknungsgefahr die Feuchtigkeitsregulierung für alle Glieder der Pflanze übernimmt.

Diese Untersuchungen gelten für die Irisarten, die trockene Standorte bevorzugen. Ihre einzige «Lebensgefahr» ist nicht endende Staunässe. Diese führt zu Fäulnis bei den Wurzeln und schließlich auch beim Rhizom.

Die Zugwurzeln bewirken, daß das Rhizom kriecht

Die Bezeichnung «Zugwurzeln» läßt sich erklären aus ihren Erdbewegungen, die sie im Laufe ihres Wachstums ausführen: Sie entsprossen der Unterseite der Rhizomspitze, wölben sich – die Erde nach hinten unter sich wegdrükkend – in den Untergrund und schieben gleichsam das Rhizom nach vorne, was zu einer Art Kriechbewegung führt. In Versuchsanordnung, in einem Terrarium mit klaren Seitenwänden, erscheint dieses Phänomen so, als ob die Wurzeln das Rhizom ziehen würden.

Auch die Haftwurzeln sind elastisch und führen Bewegungen aus, mit denen sie Steine umklammern und sich in Erdspalten drängen können. Wir spüren bis hinein in den Wurzelbereich die Dynamik der gegenläufigen Bewegungen von Fortbewegen und Festhalten.

Das Blatt

«O edelstes Grün, das leuchtet in der Sonne ...», besingt Hildegard von Bingen im 13. Jahrhundert das grüne Pflanzenkleid der Erde, und sie schreibt über «suertula», die Schwertlilie, sie sei an ihrem Blatt erkennbar.

Das Irisblatt ist unverwechselbar

Das Irisblatt ist unverwechselbar, und wer es jemals bewußt wahrgenommen hat, erkennt es jederzeit wieder. Es sticht heraus aus der Fülle von Grün eines Stadtparks, es hebt sich ab von Salat-, Kohl- und Lauchblättern im traditionellen Bauerngarten, es distanziert sich von Esparsette, Thymian, Labkraut an einem Berghang.

Schwertförmig, zungenartig, säbel-, sichel-, lanzengleich, dreieckig wird das Irisblatt charakterisiert.

«Schwert-Lilie» hat sich in Deutschland eingebürgert. Dieser Name bringt die Polarität der Pflanze treffend zum Ausdruck. Das männliche Schwert, das Blatt, wird ergänzt durch die weiblich anmutende lilienartige Blüte.

Glattrandig, parallele Linienstruktur, fächergleich verschachtelt, gründgrau

Berühren wir das Blatt und betrachten es näher. Der zahn- und kerbenlose Blattrand wirkt wie mit einer scharfen Schere ausgeschnitten. Im Durchlicht der Morgensonne treten die Nährstoffe leitenden Gefäße als helle parallele Linien hervor. Fächergleich öffnen sich die ineinander verschachtelt sitzenden Blätter nach außen, als ob sie, wie bei der Palme, ein zusammenhängender Blattkörper wären. Diese drei Merkmale, ergänzt durch die einprägsame

Abb. 12:
An der scharfen Blattschneide ablaufende Tropfen treten durch die geöffnete Lippe in die Blattscheide, die dadurch zum Wasserspeicher wird.

Abb. 13:
Die Speicherwärme des Rhizoms schmilzt späten Märzschnee.

Abb. 14:
Die jungen Blätter entrollen sich in der energetischen Spiralbewegung des Wassers.

Farbnuance grüngrau, ermöglicht dem botanisch nicht vorgebildeten Laien, auch außerhalb der Blütezeit die Iris aufzufinden.

Blattbildung

Durchdringen die Wintersonnenstrahlen Ende Januar die Schneedecke, beginnen Krokusse zu sprießen, Schneeglöckchen läuten den nahenden Frühling ein. Im Irisrhizom regt sich das Kambium und gibt den Impuls zur Blattbildung. Aus einer dichten Spirale entrollend öffnen sich die zartgrünen Blätter an der Rhizomspitze alsbald zu einem kleinen Blattfächer in Dreizahl.

Eher Scheide als Schwert

Als Fortsetzung des liegenden Sprosses steht ein Blatt mittig, jedoch senkrecht in die Höhe. Rechts und links schiebt sich jeweils ein Blatt – das zentrale Blatt einhüllend – leicht nach außen. Bei näherer Betrachtung erkennen wir, daß das «Schwert» zum Rhizom hin eigentlich eine Schwertscheide bildet. Fließen Wassertropfen an der scharfgeschnittenen Blattkante herab, so können sich kleine Feuchtigkeitsmengen am Grund dieser geöffneten Scheide sammeln und während Trockenzeiten als Wasserreservoir dienen. Bei allen Organsystemen fällt der sparsame Umgang mit Wasser auf. Der Blattfächer weitet sich rasch während des Höhenwachstums und treibt jeweils ein zusätzliches Außenblatt, so daß er unter guten Wachstumsbedingungen aus fünf, maximal sieben, «Schwertscheiden» besteht.

Der Blattfächer als Assimilationsorgan

Assimilation ist die Fähigkeit des grünen Farbstoffes Chlorophyll, unter Aufnahme von Sonnenlicht den Nährstoff Zucker herzustellen. Der gesamte Blattfächer der Iris gleicht einer Miniaturzuckerfabrik. Dieser Zucker wird in wäßriger Lösung in das Rhizom transportiert und dort in Stärke verwandelt,

Abb. 15: Im Durchlicht erscheinen die parallel verlaufenden Gefäße wie stehende Wellen.

Abb. 16: Eine pulvrig weiße Wachsschicht auf Blatt und Stengel schützt vor dem Austrocknen.

Abb. 17: Beginnt nach der Blüte der Rückfluß des Säftestroms zum Rhizom, weicht von der Blattspitze aus das vitale Grün dem herbstlichen Gelbbraun.

die weniger Speicherraum einnimmt. Stärkekörner könnte man als Zwischenspeicher bezeichnen, denn eine Rückverwandlung in Zucker ist möglich in Zeiten höheren Energiebedarfs, das heißt in neuen Wachstumsperioden nach der Winterruhe oder nach anhaltenden Trockenzeiten.

Pulvrige Schutzschicht

Während der Sommermonate wird das beidseitig gleich ausgebildete Irisblatt in seiner Färbung satter mit deutlicher Tendenz ins Graugrün, das von der dichten weißen Schutzschicht herrührt. Berührt man die Schutzschicht mit dem Finger, so bleibt ein Abdruck der Fingerlinien zurück. Zwischen den Fingern zerrieben, fühlt sich die abgelöste Schicht feinsandig an. Auf einen gläsernen Träger aufgebracht und über einer Kerzenflamme erhitzt, schmilzt die Substanz. Dieser einfache Versuch läßt ihre wachshaltige Beschaffenheit erkennen.

Eine weitere Besonderheit kennzeichnet das Irisblatt als anpassungsfähig an große Feuchtigkeitsschwankungen. Wir sprachen von dem glatten Rand. Über ihn läuft ein feines, 2 bis 3 mm breites Band eines transparenten, trockenen Gewebes, das die zarte Randzone vor Austrocknung bewahrt, sowie auch die darunterliegenden Zellschichten. Äußere Wachsschicht, Trokkenrandzone und der Inhaltsstoff Schleim bewirken in ihrem Zusammenspiel einen optimalen Umgang mit Feuchtigkeit und Trockenheit.

Unten Scheide, oben Klinge, an der Spitze sichelförmig gekrümmt

Ist der Blattfächer Mitte April voll ausgespannt, wird sichtbar, daß sich das Blatt nur im unteren Drittel zur Blattscheide aufwölbt. Nach oben dehnt es sich einlagig zur flachen Schwertklinge aus. Gegen seine Spitze zu verliert es an Starre, krümmt sich mitunter sichelförmig.

Zeitlose Ruhe

Der Wechsel von Innenräumen und Außenräumen ist bei Iris nicht leicht zu erkennen, gehört aber zu ihren Wesensmerkmalen.

Diese gleichmäßig geformten, im Wind kaum bewegten Schwertlilienblätter strahlen eine große Ruhe aus. Eine Irisoase im Garten vermittelt etwas von Zeitlosigkeit während vieler Monate, das heißt vor der Entwicklung der Blüte und vor allem während der heißen Sommermonate danach.

Schleimstoffe gleichen gegenläufige Prozesse aus

Nur an den Schwertspitzen setzt nach der Blütezeit ein «herbstlicher» Prozeß ein. Sie beginnen auszutrocknen, sich braun zu färben und zu zerfasern. In Sommermonaten, in denen starke Regenfälle und kühle Tage mit überdurchschnittlicher Hitze wechseln, tritt eine Innenbewegung im Blatt zutage. Die Pflanze ist desorientiert, ob der Sommer noch andauert oder der Herbst einsetzt, und leitet dann mitten im August Nährstoffe, die gebildete Zuckerlösung, ins Rhizom, während die Blätter noch immer von unten durch die Leitbündel kräftig Wasser saugen. Diese Gegenstrombewegung prägt das Blatt in Wellenform und läßt uns an den inneren, geheimen Prozessen sichtbar Anteil nehmen.

Schleimstoffe machen es möglich, daß solche Schwankungen ohne Schaden für das Zellgewebe aufgefangen werden. Sie haben die Fähigkeit, Wasser aufzunehmen und durch Quellung zu binden. Bei Wassermangel durch starke Verdunstung erhöht sich ihre Viskosität. Die Fließgeschwindigkeit wird verlangsamt. Das Blatt bleibt elastisch. Gleichzeitig scheinen sie die Duftausstrahlung des Blattes zu verändern.

Schnecken lieben Schleim. Es ist ihr Gleitmittel, auf dem sie ihre Bahnen ziehen, und sie finden in Irisblättern die ideale Schleimtankstelle zu Zeiten, da der Schleim leichtflüssig strömt. Angelockt von dem wohl dadurch bedingten Duft, leiben sie sich auf ihren nächtlichen Streifzügen dieses «Lebenselixier» ein.

Schneckensaft lindert Verschleimung der Bronchien. Eine Prüfung des Irisschleims auf diese pharmakologische Wirkung könnte möglicherweise den «Umweg» über die Schnecke einsparen.

Das Absterben der Blätter

Zehn bis elf Monate im Jahr dominiert in unseren Breiten die männlich-kraftvolle «Schwert-Phase». Obgleich das einzelne Blatt jährlich im Winter abstirbt, kann es an dem liegenden Sproß haftend mehrere Jahre überdauern.

Zwar hat es sein lebensvolles Grün eingebüßt, nicht aber die Elastizität und Festigkeit seiner faserigen Leitbündel. Wie wir bei der Beschreibung des Rhizoms erfahren haben, ist auch das abgestorbene Blatt weiterhin von «Nutzen».

Das abgestorbene Blatt

In eine Art Dauerform verwandelt, schützt es – sich über den weiterkriechenden, liegenden Sproß legend – diesen vor dem Austrocknen. Wer in seinem Garten die abgestorbenen Blätter im Frühling nicht entfernt, hat trotzdem keine Gewähr, daß dieser «Mulchersatz» erhalten bleibt. Ab März beginnt der Nestbautrieb unserer Singvögel, und Irisblätter des Vorjahres sind ein

Abb. 18 und 19: Mehrschichtig decken die abgestorbenen Blätter den Wurzelstock ab und bewahren die Feuchtigkeit.

willkommenes Flechtmittel. Unsere Gärten können tatsächlich kaum etwas Besseres anbieten zum Verwinden und Verflechten der sperrigen Ästchen, die Amseln, Meisen, Finken mühsam zusammentragen. Der Irisgarten ist ein wesentlicher Beitrag zum Schutz unserer Umwelt.

Der blütentragende Sproß

Irisliebhaber können es kaum erwarten, bis die Licht- und Wärmestrahlen der Frühlingssonne den liegenden Sproß anregen, den senkrechten Blütensproß emporzusenden. Ist der Blattfächer voll entfaltet und reicht die Nährstoffmenge aus für Stengel- und Knospenwachstum, schwillt die mittlere Schwertscheide merklich an.

Der senkrechte Sproß trägt an seiner Spitze eine große, flache Blütenknospe

Der senkrechte Sproß bahnt sich seinen Weg. Sein flacher Stengelteil rundet sich, sobald er die Enge der Schwertscheide verlassen hat. Runder Stengel ist das «Markenzeichen» der einkeimblättrigen Pflanzen, der Monocotyledonen. Kreisförmig sind die Leitbündel im Inneren angeordnet. Als Krönung trägt dieser junge Sproß endständig an seiner Spitze eine große, flache Blütenknospe, noch in der Blattscheide geborgen. Sie ist zu groß und schwer, als daß der zarte Stiel sie selbständig aufrecht halten könnte. So bleibt sie zumindest teilweise so lange von der Blattscheide unterstützend umfangen, bis der

Abb. 20: Aus der feuchten, engen Blattscheide tritt die flache Knospe; die Hochblätter schützen vor Austrocknung. Der hellrosa Saum kündet den aus dem Rhizom und dem Sonnenlicht gespeisten Farbprozeß an.

Stengel kräftig genug ist, sie frei emporzutragen. Je nach Irisart überragt nach wenigen Tagen der zentrale Sproß den Blattfächer um ein Drittel, das Doppelte oder Dreifache.

Jedem Rhizomabschnitt entspringt nur ein einziger blütentragender Sproß und ein Blattfächer. Die Iris ist von starker Individualität geprägt.

Ebenso wie das Blatt, so scheidet auch der Stengel nach außen eine vor Trockenheit schützende feinsandige Schicht ab, sobald er die feuchte Kammer der Blattscheide verlassen hat. Nur wenige kleine, sichelförmige Blätter gleiten den kahlen Stengel hinauf. Auch sie bestehen aus jeweils zwei verwachsenen Blattspreiten und bilden den Hohlraum, in dem die Seitenäste und Folgeknospen heranreifen unter optimalen Feuchtigkeitsbedingungen.

Innere Rangordnung der Blüten

Allerdings reifen nicht alle Knospen gleichzeitig heran, sondern folgen einer «inneren» Rangordnung. Rangerste ist die endständige Knospe am Hauptsproß. Flachgedrückt und eiförmig verläßt sie die Blattscheide, spitzt sich zu, schwillt an, läßt die sichelförmigen Deckblätter zurück. Die Aufgabe der einhüllenden Blätter ist erfüllt; alsbald geben sie ihre Feuchtigkeit an andere Stellen ab, die jetzt wichtigere Funktionen erfüllen. Bei den verschiedenen Irisarten schreitet der Prozeß des Vertrocknens dieser Blätter unterschiedlich rasch voran. Iris germanica «nützt» die geöffneten Kammern als kleine Wasserspeicher für Notzeiten.

Wie ein Brautschleier am taufrischen Morgen verhüllen die seidenen Hochblätter noch wenige Stunden die Blüte, die zu ihrer Hochzeit aufbricht.

Abb. 21: Tief purpurfarbene Anthocyane überfluten die sich rundende Knospe von Iris germanica.

Abb. 22: In den feuchten, grünen Kammern der Hochblätter reift die Blüte.

Abb. 23: Bei Iris pallida wirken die – schon vor dem Aufblühen der Knospe – ausgetrockneten Hochblätter wie zarte Brautschleier.

Abb. 24 bis 27: Von Feuchtigkeit geprägte «Geburts»-Prozesse sind bei Iris pallida und Iris germanica begleitet von austrocknenden «Sterbe»-Prozessen; wie im Zeitraffer verläuft die Metamorphose.

Abb. 28: Wenige Stunden vor dem Aufblühen leuchtet das Knospenfeld in der Morgensonne dunkelrot.

24

25

26

27

Die Blüte

Zur Lavendelblüte in die Provence zu fahren, ist nichts Außergewöhnliches. Zur Irisblüte nach Italien, dazu sind wir einige Jahrzehnte zu spät dran. Die Hochblüte der italienischen Iriskultur war um die Jahrhundertwende. Damals wogte im Frühjahr ein Irismeer auf den Hügeln der Toscana. Doch für Irisfreunde gibt es noch einige Oasen und sogar neue Iriskulturen an den Südhängen des Apennin.

Es ist Mai. Sengend liegt die Mittagshitze über einer hellblau leuchtenden, kleinen Iriswiese. Giagiollo, die schöne Iris pallida, ist hier heimisch.

Fast einen Meter hoch tragen die graugrünen Stengel ihre erste Knospe in den azurblauen Himmel. Die feuchten Seidenschleier, die anstelle von Kelchblättern die Irisknospe umhüllen, sind ausgetrocknet. Unhörbar zerreißen die brüchigen Häute, platzen auf unter dem starken Innendruck der Blütenblätter und der hohen Außentemperatur. Wie ein Schmetterling seine zu eng gewordene Puppenhülle nach der Reife verläßt, streifen die Irisknospen die überflüssig gewordenen Hochblätter ab. Dazu lassen sie sich eine Nacht und einen weiteren Tag Zeit. Das ist keine Ruhephase. An Länge und Umfang nimmt die Knospe merklich zu.

Wäre die Pflanze ein gläsernes System und die sie nährende Lösung bunt gefärbt, so könnten wir mit den Augen verfolgen, wie aus dem Rhizom der «Saft» nach oben steigt und den Innendruck in den Zellen der Wachstumszonen verstärkt. Dehn-, Streck- und Drehbewegungen beruhen auf derartigen

Zellinnendruck-Veränderungen. Diesen Innendruck bezeichnen wir, wie in der Botanik üblich, als Turgor.

Die Blüte entfaltet sich in die Nacht

Still lassen wir uns am Rande der Iriswiese nieder. Während die Sonne hinter den bewaldeten Hügeln des Apennin versinkt und die Schmetterlinge nektartrunken ihre Schlafplätze an Blütenkelchen aufsuchen, «erwachen» die Irisknospen zum Tanz. Spiralig drehen sie sich in die italienische Nacht hinein: drei Blütenblätter spreizen sich von der Mitte ab, schlagen einzeln nach außen auf, senken sich zur Seite.

Abb. 29: Die Bläue des italienischen Himmels verdichtend, wogt im Mai ein zartblaues «Iris pallida-Meer» an den Hängen des Apennin.

Abb. 30: Aus dunklem Nachtblau entfaltet sich spiralig die Irisblüten-Energie.

Abb. 31: Knospen, voll entfaltete Blüten und schwellende Fruchtknoten an einem Blütensproß charakterisieren den intensiven Blühimpuls.

Abb. 32: Die Blütenscheide ist transparent und ausgetrocknet und schützt dennoch die Knospe vor Austrocknung, wie es auch die entfalteten Hängeblätter tun.

Abb. 33: Binnen Stunden streifen die Knospen die bergende Hülle ab.

Abb. 34: Ein kräftiger Saftstrom leitet in den frühen Abendstunden die «Geburt» der Blüte aus der befreiten Knospe ein, während die vergangene Blüte binnen 48 Stunden im Welken ihre Feuchtigkeit in Spiralbewegung zurückführt zur Nährung von Fruchtknoten oder Folgeknospen.

Abb. 35: Der Spiraltanz der sich öffnenden Blüte währt bis in die frühen Morgenstunden.

Abb. 36: Frische und Zartheit strahlen alle Fortpflanzungsorgane aus. Die Blüte ist bereit zur Begattung.

37

38

39

40

Weitere drei Blütenblätter entfalten eine hochstehende Krone, formen den Dom. Aus diesen sechs Perigonblättern ist ein Raumgebilde entstanden. Doch der Schautanz währt weiter die ganze Nacht, bis alle Teile der Blüte bereitet sind für ihre Aufgaben im Dienste der Arterhaltung und Fortpflanzung. In der Kühle der Nacht, gestärkt durch den feuchtigkeitsspendenden Tau, bereitet sich die zarte Blüte behutsam auf die Hitze des Tages vor. In der Ausbildung des doppelten Hohlraums erinnert Iris an die Hohlorganbildung im Tierreich.

Wenn der Tag kommt, betört die italienische Iris mit ihrem Duft

Iris pallida lockt mit betörendem Duft. Als «Odoratissima» preisen sie die Italiener. Die frühe Hummel ahnt den Nektar, landet auf dem hängenden Blütenblatt. Sie findet Halt in den gelben, hochstehenden Barthaaren, spürt kaum die Berührung durch den Blütenstaub, der sich auf ihren Rücken senkt. Unbewußt streift sie die blumenblattartige Narbe, taucht unter ihr hindurch in das Nektarinum, wo die «Götterspeise» auf sie wartet als Belohnung für ihre Bestäubungstätigkeit.

Drei Ebenen der Blüte

Dreifach darf sie, sollte sie aus einer Irisblüte trinken, denn was uns als eine einzige Blüte erscheint, ist ein architektonisch höchst kompliziertes Gebäude. Drei Tore eröffnen den Zugang zu drei Etagen: Dom, Nektarinum, Hängeblattebene. Dom- und Hängeblätter sind einzeln frei beweglich. Nur die «Nagel» genannten Schlundabschnitte sind verwachsen, wie auch die Narbenblätter, die das Nektarinum überwölben. Besonders die Wildirisarten und Naturhybriden, aber auch neuere Züchtungen weisen auf den Hängeblättern «Saftmale» auf. Diese farbenfroh gestalteten Flächen unterstützen das Anlocken der Insekten.

Einzigartiges Blütenbauwerk

Dieses Bauwerk hat nicht seinesgleichen in der gesamten Pflanzenwelt. Es hebt die Irisgewächse als eigene Pflanzenfamilie von allen anderen ab. Die Morphologie, die Strukturkunde, befaßt sich eingehend mit derartigen Pflanzenkonstruktionen und nennt Blüten, die sich nur an einer Symmetrieebene spiegeln lassen, zygomorph. Gegenüber einer radiären Blüte wie der Sonnenblume wirkt so eine Iris(teil)blüte wie zusammengedrückt oder gestaucht. Nimmt man allerdings alle drei Einzelblüten zusammen wahr, so kann man auch die Iris als radiär bezeichnen.

Auch hier begegnet uns wieder der gegenläufige Impuls, dieses polare Streben als innere Dynamik. Bei der Iris wird besonders deutlich, wie sehr die Ganzheit aus der Polarität lebt.

Abb. 37: Der Bart bietet den Insekten beim Landen auf dem hängenden Blütenblatt Halt.

Abb. 38: Vor der Bestäubung sind die Barthaare von starkem Zellinnendruck gestützt; dieser läßt nach der Befruchtung rasch nach.

Abb. 39: Gelbbraun beleuchtet der «Nagel»-Bereich den Weg ins Nektarinum.

Abb. 40: Kontrastreich zum Violett des Hängeblattes lockt das Saftmal in Weißbraun die Bestäuber bei Iris germanica.

Abb. 41: Die «Hochzeit» ist vollendet. Der Dom sinkt schützend auf das Nektarinum.

Abb. 42 bis 45: Auch die Prozesse des Reifens und Vergehens sind von den energetischen Bewegungen des Wassers geprägt, von Spiraldrehungen.

42

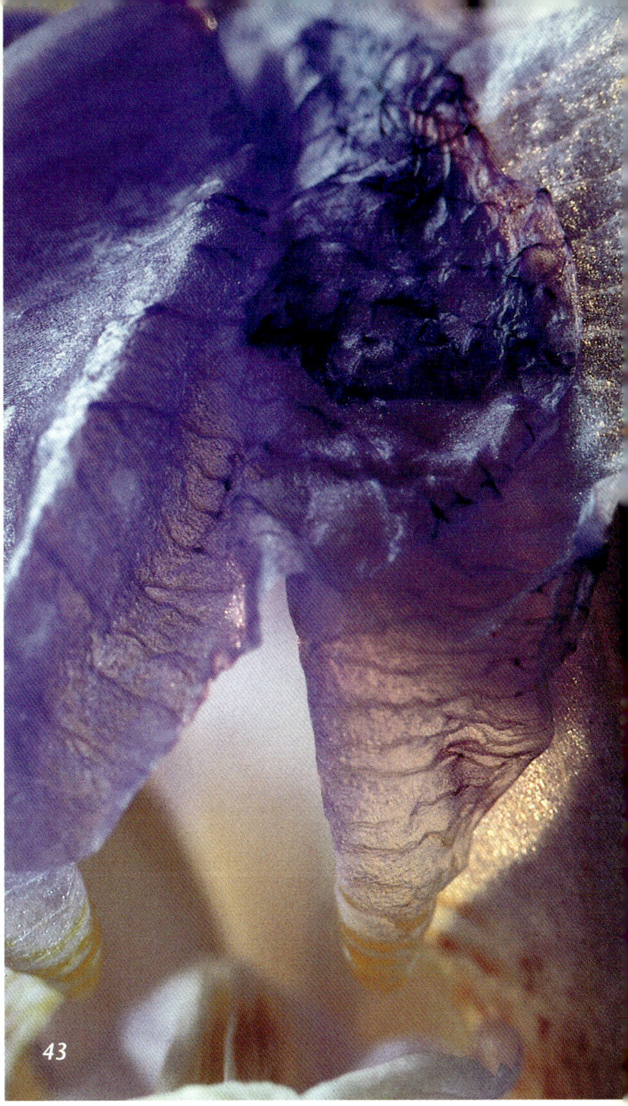
43

44

45

Wo aber findet der letzte Akt statt? Reifung ereignet sich oft im Verborgenen. Der Fruchtknoten der Irisgewächse ist unterständig und wird häufig gar nicht wahrgenommen, weil die Blüte in ihrer Pracht die ganze Aufmerksamkeit auf sich zieht. Für die Pflanze selbst ist der Fruchtknoten ein Ort hoher Energie. Er steckt in den zerrissenen Schleiern der Hochblätter, die ihn sanft umschließen, mit jedem Tropfen Feuchtigkeit pflegen, den sie festhalten können. Auch die Blüte reagiert «fürsorgend». In der Mittagshitze senkt sie im heißen Süden die Hängeblätter so weit ab, daß sie sanft den Fruchtknoten bergen, während die Domblätter sich fächelnd öffnen, um einen Hitzestau im Nektarinum zu vermeiden.

Abb. 46: Da keine Fruchtreife erfolgt, hängen die mumifizierten Blütenstände von Iris germanica wie leere Insektenhüllen oft einen Winter lang an den ausgetrockneten Blütensprossen.

«Wer denkt die Welt?» möchte man mit Härtling angesichts solcher Schöpfungswunder fragen.

Der letzte Tanz der ersten Blüte

Intensiv hat die Irisblüte zwei Nächte und zwei Tage lang ihre Hochzeit genossen. Bis ins Kleinste durchdacht und wiederum dem Ganzen dienend, wirkt der letzte Tanz im Vergehen. Jedes Hängeblatt wickelt sich fein säuberlich vom unteren Blütenrand her auf, während gleichzeitig die Domblätter ihre Turgorspannung vollständig verlieren. Sie sinken in sich zusammen, lassen sich willenlos von den hochklappenden Hängeblättern überstülpend umarmen, drücken, winden. In immer dichter werdenden Spiralbewegungen preßt die vergehende Blüte noch den letzten Tropfen Feuchtigkeit nach innen als Nahrung und Wegzehrung für den Fruchtknoten und die schon nachfolgenden Knospen.

Die «Königin tritt ab, die Prinzessinnen dürfen folgen

Die Hofordnung scheint aufgehoben. Jetzt beginnt das Aufblühen von allen Seitensprossen aus wechselweise, bis alle Blüten bestäubt, die Fortpflanzung, auch über Samen, garantiert scheint. Die Zeit der Reife dauert allerdings bis in den Spätsommer.

Inhaltsstoffe

Sehen, riechen, berühren. Mit diesen Sinnen näherten wir uns der Iris. Frisch gewaschen liegt das Iris pallida-Rhizom appetitlich in unserer Hand. Ob es wohl den aromatisch würzigen Geschmack von Ingwer hat, mit dem es so leicht zu verwechseln ist?

Feine Kristallnadeln stechen in die Papillen der Zunge

Angenehm feucht und weich fühlt sich der Längsschnitt an. Zaghaft kosten wir ein hauchdünnes Scheibchen dieses fast geruchlosen, farblosen Zellgewebes. Kühlend, danach rasch brennend entwickelt sich beim Kauen sein Geschmack. Ausspucken nützt nichts. Der Schleim haftet an der Zunge, feine Kristallnadeln stechen in die Papillen. Nachtrinken oder Essen verändert die Situation nicht. Binnen der nächsten vier Stunden sind wir irisgesättigt. Erst über Nacht tritt Linderung ein.

Abb. 47: *Frisch gewaschenes Iris pallida-Rhizom*

Was wir gekostet haben, waren die in Kristallnadeln abgelagerten Inhaltsstoffe, deren hautreizende Wirkung von den Ägypterinnen geschätzt wurde als natürliches Rouge. Selbstverständlich ist die Außenhaut des Gesichtes nicht vergleichbar in ihrer Empfindsamkeit mit den zarten Mundschleimhäuten.

Und wo ist der Veilchenduft? Nach diesem Versuch ist es unvorstellbar, daß dergleichen Kleinkindern als «Veilchenwurzel» zur Erleichterung des Zahnungsschmerzes angeboten wird. Doch das frische Rhizom unterscheidet sich wesentlich vom getrockneten. Dafür sorgen chemische Vorgänge unter dem Einfluß der austrocknenden Sonnenwärme. «Die bicyclischen Iridale Iripallidal und Iriflorental gelten als Ausgangssubstanz für den oxidativen Abbau bei der Lagerung zu cis-α- und trans-α-Iron sowie cis-γ-Iron, die für den veilchenartigen Geruch der gelagerten Droge verantwortlich sind», schreibt Tschirch in seinem Handbuch der Pharmakognosie, Bd. II (siehe Literaturhinweise). Für Laien übersetzt: Je älter und abgelagerter das Rhizom, desto höher der Duftgehalt, der Anteil der Irone. Die Rhizomhändler wußten das und erzielten für «abgelagerte» Rhizome einen höheren Preis.

Eine Geschmackswandlung geht mit der Duftentfaltung einher. Alles Scharfe, Beißende ist verschwunden. Geblieben ist der mildernde Schleimanteil, der bei geringer Feuchtigkeitszufuhr dem Rhizom seine Elastizität zurückgibt. Was die Inhaltsstoffe betrifft, so wirkt sich der Unterschied im äußeren Erscheinungsbild zwischen Iris florentina, pallida und germanica auch in den Inhaltsstoffen aus. Die Gestalt ist gleichsam ein Spiegel dieses Innenlebens. Iris germanica, die an Schwere des Duftes, an Dunkelheit der violetten Blüten sich von ihren italienischen Schwestern unterscheidet, erreicht auch durch Trocknen nie die sanfte Milde der Pallida und eignet sich deshalb nicht zur Herstellung der Beißwurzeln, wohl aber zur Gewinnung des ätherischen Öls.

«Rhizoma Iridis» ist die von Pharmazeuten verwendete Bezeichnung. Viele Pharmakopöen, Arzneibücher, in denen die Vorschriften zur Gewinnung und Verarbeitung von Mineralien, Pflanzen, Tieren gesammelt sind, «erlauben» zur Gewinnung von Öl und Tinkturen Iris florentina, germanica und pallida. In der Homöopathie wird auch die zartgliedrige, kleinwüchsige Iris versicolor geschätzt.

Abb. 48: Vom Regen der Nacht oder vom Morgentau zehrt die Blüte einen Sonnentag lang, denn stets wird etwas Feuchtigkeit zwischen den Papillen der Blütenblätter gespeichert.

49

50

51

52

Pflanzengeschichte der Iris

Die Iris hat eine große Vergangenheit. Ihr Ursprung liegt im Dunkel des Erdzeitalters Tertiär, 35 bis 37 Millionen Jahre zurück. Genauer läßt sich das «Auftauchen» der Irisgewächse auch von Paläobotanikern kaum datieren.

Die Schätzung des Alters der Iris beruht auf einer indirekten Bestimmung. Iris ist nämlich eine herkogame Pflanze, wie wir bei der Betrachtung der Blüte feststellten; das bedeutet, daß sie von Hummeln bestäubt wird. Hummeln entwickelten sich im Erdzeitalter Oligozän, das zum Tertiär gehört. In Gestein, dessen Alter sich bestimmen läßt, fanden Geologen Flügelspuren von Hummeln. Iris «braucht» die Hummeln zur Bestäubung, die Hummeln ernähren sich vom Irisnektar. Also lag der Rückschluß nahe, daß beide sich im Oligozän aufeinander zu entwickelten.

An welchen Orten unserer Erde diese Begegnung stattgefunden hat, ist fraglich. Asien, Südafrika, Südamerika stehen noch immer zur Diskussion. Irisgewächse sind überall heimisch, wo sie günstige Lebensbedingungen vorfinden. Ihr Verbreitungsgebiet reicht von Sumpflandschaften bis in trockene Hochgebirgsregionen. Wir haben mehrfach bei der Beschreibung ihrer Gestaltmerkmale gesehen, wie sorgfältig sie im Umgang mit Wasser sein können, wenn das Klima Hitze und Trockenheit bietet. Die Sumpfformen entwikkelten ein Rhizomsystem, das auch im stehenden Wasser nicht der Fäulnis ausgeliefert ist.

Anpassungsfähigkeit ist die Voraussetzung für das Überleben. Aber je weiter die Pflanzen sich von einfachen Urstrukturen und Mechanismen entfernt haben, desto schwerer fällt ihnen die innere Flexibilität und äußere Beweglichkeit.

Die Iris ist noch eine sehr ursprüngliche Pflanze, wenn wir ihre Wildformen betrachten und von den teilweise geradezu barocken Überzüchtungen absehen.

Während die Liliengewächse reine Landbewohner sind, prägten sich bei den Irisgewächsen auch Formen aus, deren Rhizom im Wasser wächst, die Atmung erfolgt allerdings über die Blatt-Schließzellen oberirdisch.

Abb. 49 bis 52: Im Gegensatz zu der die trockenen Berghänge liebenden Iris germanica finden wir die Wildirisarten Iris sibirica und Iris pseudacorus auf Feuchtwiesen und in Sumpfgebieten.
Abb. 49: Iris sibirica
Abb. 50: Iris pseudacorus
Abb. 51: Wildirisvorkommen im Mündungsgebiet der Schussen
Abb. 52: Die schlanken Knospen von Iris sibirica

Abb. 53: Schmetterlingshaft weht die zarte Blüte von Iris sibirica im Wind; das Saftmal dehnt sich weit über das Hängeblatt.
Abb. 54: Filigran geprägt und sehr feuchtigkeitsempfindlich ist die Blüte von Iris pseudacorus.

Abb. 55: Im Dreisproß ist die Iris zum Sinnbild abstrahiert, aber auch erstarrt.

Die Iris in der Kulturgeschichte

Die Iris hat auf allen Erdteilen geographische Heimat gefunden, aber sie wurzelt auch tief in den Herzen der Menschen.

Ihre Kulturgeschichte ist weit bekannter und umfangreicher als ihre Naturhistorie. Spüren wir den Berührungen und Beziehungen Mensch und Iris nach, durchwandern wir die Hochkulturen Persiens, Ägyptens, Griechenlands auf dem Weg nach Norden in den keltisch-germanischen Raum. Iris steht als Sinnbild dem Urbild des Kreuzes kaum nach bis hinein in die christliche Symbolik.

Ägypten • Griechenland • Frankreich • Christliche Kunst • Volkstum

Die Iris-Symbolik ist allgegenwärtig

Wer einmal erkannt hat, wie reduziert, ja teilweise abstrahiert die Kunst die lilienhafte Blüte und das Schwert nachbildet, hat keine Mühe, ständig von Irisblüten umgeben zu sein. Von der monumentalen ägyptischen Stele bis zum schwäbischen Stachetenzaun ist Iris fast allgegenwärtig.

Ägypten

Iris als Kriegsbeute

Thutmosis III. regierte um 1500 v. Chr. in Ägypten. Auf Kriegszügen nach Syrien, die der Ausdehnung seines Reiches dienen sollten, muß er, der Geschichte nach, überwältigt gewesen sein von der Wüsteniris. Während andere Herrscher als Beute Frauen, Bodenschätze und Nahrungsmittel heimbrachten, gelüstete es Thutmosis nach der Iris. Der Kriegstribut der besiegten Syrer waren Zwiebeln und Rhizome der dort wachsenden Irisarten. Es wird vermutet, daß es sich um die orientalisch farbenprächtige Regelia onocyclus handelte, Iris juno persica, Iris orientalis, Iris susiana.

Iris susiana – Dame in Trauer

«Dame in Trauer» lautet die Übersetzung von Iris susiana, denn sie trägt auf ihren silberweißen Blättern ein Netzwerk braun-schwarzer Tupfen gleich einem Trauerschleier.

Abb. 56: Unter Thutmosis III. wird die Iris zum Staatssymbol Oberägyptens.

Abb. 57: Der Mythos verheißt den als Erlöser kommenden Lilienprinzen. Er schreitet durch das Irisfeld. Sein Federschmuck ist dreigeteilt, sein Haar fließt in einer Welle, sein Lendenschurz, ein Irishängeblatt, seine Erdenergie, strömt durch die aufwärtsstrebenden Irisknospen. Der Schmetterling, Zeichen der ewigen Verwandlung, fliegt über das Irisfeld. (Knossos, Palast der Winde.)

Thutmosis ließ auch einen «Heiligen See» anlegen, zu dem er in Wasserprozessionen pilgerte. Wasserkrüge trugen das Irisblattmotiv. War den Ägyptern die Heilwirkung der Iris auf das wäßrige System des Menschen, auf Nieren, Blase und Angst vertraut?

Thutmosis III., Bote des Himmels

Die ägyptische Geschichtsforschung schildert, daß sich Thutmosis III. als «Bote des Himmels» verstanden wissen wollte.

Verschlüsselte er in den mächtigen phallischen Iris-Stelen sein Selbstbildnis? Er erhob die Iris zumindest zum Staatssymbol Oberägyptens während seiner Regierungszeit. Die ägyptische Hochkultur versank in Grabkammern und Mythen, erstarrte in Säulen und Mauern.

Die Iris überlebte.

Griechenland

Götterbotin aus dem Geschlecht des Okeanos

Iris, die Wandelbare, taucht in völlig anderer Gestalt im antiken Götterhimmel des Olymp auf. Geboren aus dem Geschlechte des Okeanos, war sie die Tochter des Thaumantas und der Elektra. Als eine geflügelte Gottheit trat sie in die Dienste von Zeus, um den Menschen die Botschaften und Befehle der

Götter zu überbringen. Sie war zum Beispiel ausgesandt worden, um Menelaos die Nachricht nach Kreta zu überbringen, daß seine Gattin Helena mit Paris in seiner Abwesenheit nach Troja geflohen war. Wir kennen die Fortsetzung der Geschichte allzu gut: Sie führte zum Trojanischen Krieg.

Göttin des Regenbogens als Verbindung zwischen Himmel und Erde

Doch Iris überbrachte auch glückverheißende Botschaften und wurde als Verbindung zwischen Uranos, dem Himmel, und Gaia, der Erde, im Sinnbild des Regenbogens verehrt. Wasser, Licht und Luft in fließender Vereinigung, so wirkt der Regenbogen. Er entsteht, wenn Sonnenstrahlen in einem bestimmten Winkel auf Wasserdampf, d. h. eine Wolke treffen. Die Strahlen werden an den feinen Wassertropfen wie an einem Prisma «gebrochen», so daß das siebenfarbige Farbband entsteht. Die Menschen verbinden seit Noahs Zeiten das Erscheinen des Regenbogens mit der Verheißung von Frieden nach dem Fluch der Sintflut, mit der Versöhnung von Schöpfung und Schöpfer.

Noch heute verbinden wir alles, was in den Farben des Regenbogens schillert, mit ihrem unsterblichen Namen: Iris.

Schillerndes Iridium

Iridium, das zweitdichteste Metall, das wir kennen, geht mit Sauerstoff Verbindungen ein, deren Oberfläche in verschiedenen Farben spiegelt.

Iris im Auge

Die Regenbogenhaut im Auge des Menschen, der Wirbeltiere und Kopffüßler strahlt das Licht farbig zurück.

Das Mädchen Iris

Iris als Mädchenname erfuhr Popularität auch durch Hermann Hesses gleichnamige Novelle. Sowohl das Mädchen Iris als auch die «blaue Blume». Das Mädchen Iris wird in dieser liebevoll erzählten Geschichte aufs engste mit der Wesenheit der «blauen Iris» verknüpft.

Frankreich

Iris pseudacorus, die Gelbe Wasserlilie

Auf ihrem Siegeszug durch die Geschichte eroberte Iris ein französisches Herrscherhaus. Chlodwig I., König der Franken, aus dem Geschlechte der Merowinger, war noch nicht getauft, als er 494 n. Chr. einen Feldzug gegen die Alemannen riskierte. Zwischen den Wassern des Rheins und den Alemannen saß er nach seiner Niederlage in der Klemme bei Boppard-Hungenstein. Die genaue Ortsangabe dürfte eine gewisse Garantie für die Wahrhaftigkeit der Geschichte sein, die sich dort zutrug. Es war die Blütezeit der Gelben Wasserlilie, der Iris pseudacorus, also Mitte Mai. Chlodwig hatte beobachtet, daß die Rheinauen seicht waren an den Stellen, wo die gelbe Lilie stand. Diese Irisart bildet feste Horste aus ihrem üppigen Rhizomgeflecht, die wohl Roß und Reiter die Furt entlangleiteten zum sicheren Ufer.

Abb. 58 und 59: Chlodwig I. dankt der gelben Wasserlilie, indem er sie zum Staatssymbol erwählt. Sie wird als Bourbonenlilie zum Machtsymbol.

Fleur de Lis als Zeichen des Sieges und der Macht

Dieser ersten Erfahrung folgte die Strategie. Mit dem «Iristrick» besiegte Chlodwig die Alemannen bei Tolbiac. Die gesamte Reiterei soll sich beim Triumphzug auf dem Heimweg mit Irisblüten geschmückt haben.

Chlodwig zog aus dem Sieg zwei Konsequenzen: Er ließ sich von Remigius, dem Bischof von Reims, taufen. Die ihn beschützende Iris nahm er in sein Königswappen auf. Die «Fleur de Lis», wie er sie nannte, wurde zum Sinnbild des Sieges und der Macht.

Als «fleur de Louis» flatterte sie 1120 bis 1180 den Kreuzfahrern unter Ludwig VII. voraus. Als «flour de lyce» zog sie ins englische Königshaus ein.

Allerdings verbreitete die Iris als «fleur de lis» nicht überall Frieden. Bei ihrem Erscheinen auf Krönungsmänteln, Zeptern und Kronen erzitterten ganze Völkerschaften. Der «leuchtenden Flamme», der Bourbonenlilie, folgte allzu oft eine Blutspur durch die europäische Geschichte.

Wiederum überstand die Iris auch diese unruhigen Zeiten und wandelte sich weiter: vom Machtsymbol zum Markenzeichen für «königliche» Eleganz.

Abb. 60: Irisblau leuchten die Gewänder Marias und des Engels im «Paradiesgärtlein» eines Oberrheinischen Meisters um 1410 (Frankfurt a. M., Städelsches Kunstinstitut).

Christliche Kunst

Im stickigen Dunkel der Satteltaschen kam sie an. Monatelang hatte sie als «Beute» der Kreuzfahrer ohne Wasser ausgeharrt. Ein Fremdling unter Zichorien und Wildgemüse versuchte sie Fuß zu fassen in der neuen Heimat, die Burggarten hieß oder auch «Hortulus» – Klostergarten. So gelangten Iris pallida und Iris germanica nach Italien. Benediktinermönche trugen sie über die Alpen.

Vom Klostergarten über Buchillustrationen zum Tafelbild

Sie nahmen sich dieser Rhizome besonders liebevoll an und züchteten die Iris. Sie schmückten aber auch mit viel Fantasie die Initialen ihrer Evangeliare mit orientalischer Farbenpracht, wie sie nur Irisblüten entfalten können. Für das fantasievolle Blütenblatt-Rankwerk standen Iris juno und Iris orientalis Pate.

Unter dem Einfluß der stilisierten «fleur de lis» entwickelten sich unzählige Irisbildvariationen. Von der naturgetreuen Darstellung der Iris germanica in der Verkündigungsszene des Schottener Meisters bis zum abstrakten Dreisproß oder Dreipunkt des Verkündigungsstabes reicht die Palette. Die Menschen des Mittelalters verstanden die Bild- und Zeichensprache ohne Worte. Wir müssen heute Bild und Inhalt erklären und finden dennoch manchmal nicht den Zugang zur sinnbildhaften Aussage.

Wanderer und Wasser

Erinnern wir uns nochmal an die Götterbotin Iris. Sie ist identisch mit der germanischen Thrud oder Gertrud, der Tochter Thors. Beide galten als Beschützerinnen der wandernden und auswandernden Jungfrauen und Jünglinge. Wo immer sich das Christentum ausbreitete, baute es zunächst auf alten Vorstellungen auf. Von einer großen Wanderschaft erzählt auch das Bild des Schottener Meisters in der Stadtkirche zu Schotten in Hessen: «Die Flucht nach Ägypten». In dreifacher Gestalt begleitet das Irissymbol die «Heilige Familie» auf ihrem Weg durch die Wüste.

Joseph trägt das Wasserfaß. Aus dem Goldhintergrund des Gemäldes taucht die Iris auf in ihrer orientalischen Prachtblüte, der Regelia onocyclus. Die Blüte berührt das Wasserfaß, Josephs Ohr, Marias Schutzmantel. Wie heutige Kommentatoren erklären, wußten die Menschen des 15. Jahrhunderts sehr wohl diese Bildaussage für sich zu deuten. Sie erspürten in ihrer inneren Wüste die Sehnsucht nach «lebendigem Wasser», nach Wandlung, nach Durchhaltevermögen. Genau dafür steht die Iris.

Die nächste Bildebene wird begrenzt durch den tiefliegenden Horizont. Ihn begrünen Irisblätter einer zartgliedrigen Irisart wie Iris orientalis. Der Gang durch die Lebenswüste wird zum Grenzgang.

Grenzgang durch die Lebenswüste

Ein Irisband umfließt das Gewand Marias und Josephs. Nur noch drei Punkte stehen für die Blüte, und doch wissen wir, was damit ausgesagt werden soll: Im Schutze der Dreieinigkeit kann der Grenzgang, der Zug durch die Wüste gewagt werden.

Himmelsfarbe Iris-Blau

Im Iris-Blau des Marienmantels drückt sich die Sehnsucht nach dem «Himmel» aus, meint Heimo von Auxerre.

Volkstum

Kräuterweiblein, Marktfrauen hatten immer ihre eigene Blumensprache, mit der sie meist sehr treffend Pflanzenmerkmale charakterisierten.

Der deutsche Volksmund spricht nicht von Iris, sondern von Schwertlilie und umschreibt lautmalerisch die Eigenschaften, die wir bei der Gestaltbetrachtung herausgearbeitet haben. Es gibt auch regionale Unterschiede, und es ist höchst interessant zu unterscheiden, in welchen Gebieten dem Schwertteil mehr Beachtung geschenkt wird und in welchen Gegenden die

---

Abb. 61: Mariä Verkündigung: Am Stab des Engels steigt die Energiespirale des lebendigen Wortes empor und wird gekrönt von einer goldenen Irisblüte (Münster zu Schwäbisch Gmünd).

Abb. 62: Die Polarität von Schwert und Lilie, von Himmel und Erde, von weiblich und männlich strömt durch Christus hindurch und wird Ausdruck höchsten Menschseins.

Abb. 63: Der sterbende Franz von Assisi wird von der Iris in höhere Welten geleitet.

Abb. 64: Aus dem Todestempel sprießen junge Irisblätter, bewegt von dem ewig lebendigen, strömenden Wasser, der Grundlage unseres Seins.

61

62

63

64

Lilie im Vordergrund steht und zur Namensgebung führte. Teilweise sind auch Bezeichnungen aus angrenzenden Ländern, wie aus Frankreich und den Niederlanden, in ihrer Sprachfärbung ohne Übersetzung verständlich.

Schwertcharakter

Suertula (althochdeutsch) – Swörtel (Göttingen) – Schwartele (Nahegebiet) – Schwertblume (Anhalt) – Schwertlich (Riesengebirge) – Schwertilge (Thurgau) – Sablblaume (Erzgebirge) – Zabelroashe (Krain) – Säbel (St. Gallen) – Giglio di Santa Catterina, Giglio pavonazzo, Giaggiolo (Italien) – Iris armes de France, Glaïeul bleu (Frankreich).

Die folgenden Namen sind dagegen eher lilienorientiert:

Liliencharakter

Ilge, Ille (Thurgau) – Gewone Losbloem (Opwijk) – Tuinlis (Turnhout) – Blauwe Hanekam (Denderwindeke) – Duitse lis (Turnhout) – Lilienschwertel, Himmelslilie, Liesch, Blaue Ilge, Blauschwertel, Blaue Gilgen (Deutschland) – Lirio (Italien und Südamerika).

All diese Namen beziehen sich auf Iris germanica, während Iris pseudacorus, die Gelbe Wasserlilie, oftmals nur Wasserschwertl, Wasserlilie, Wassergilge genannt wird. Sie hat in der Volksmedizin kaum Bedeutung, da ihr Rhizom auch Giftstoffe enthält, aber wie wir schon wissen, hat Chlodwig sie unsterblich gemacht als «Fleur de lis».

Wasserlilien als Nixen

Der Schritt vom Volksmund zum Märchen ist nicht weit, denn Märchen wurden immer mündlich überliefert. In der lokalen Volkssage «Die Geister vom Mummelsee» verwandeln sich die gelben Wasserlilien um Mitternacht in Nixen und kehren im Morgengrauen in ihre Blütengestalt zurück. Diesem fantasievollen Ereignis liegt sicherlich die Tatsache zugrunde, daß die Iris in die Nacht hinein aufgeht und ihren Spiraltanz vollführt. Gerade bei Iris pseudacorus währt die einzelne Blüte nur einen Tag und vergeht dann für immer.

In der Grimmschen Volksmärchensammlung findet sich die Schwertlilie in ihrer dreifachen Struktur wieder: als Wurzel, Schwert und Becher, der die Pflanze darstellt in dem Märchen «Die zwei Brüder».

Die Lebenswurzel und der Kampf gegen die Angst

Der Volksmund nannte das Irisrhizom auch «Lebenswurzel» oder «Falsche Alraune» wegen ihrer krüppelartigen Zwergengestalt und heilenden Wirkung. Als Ergänzung zur Wurzel finden wir im Märchen an anderer Stelle das Schwert, das in der Erde versteckt war und ausgegraben werden mußte: Wir finden das Element Wasser und den aus drei Kelchen zusammengesetzten Blütenbecher. Wozu wurde Iris, die Schwertlilie dazu bemüht?

C.G. Jung gibt die Antwort. Der Held im Märchen tötet mit dem Schwert nach dem Trunk aus dem Becher den Drachen. Der Drachenkampf ist ein Ausdruck für den unbewußten Kampf des Ich mit den regressiven Mächten in uns, mit der Angst. Angst geht an die Nieren. Die Nieren sind unser Wasserausscheidungsorgan. Genau hier setzt die heilende Wirkung der Stoffe, die aus Iris gewonnen werden, an. Vielleicht sollten wir unseren Märchenschatz nach medizinischen und tiefenpsychologischen Weisheiten neu durchforsten.

Abb. 65: In der abstrakten Fotografie wird das Regenbogenspektrum der Iris sichtbar.

Die Kulturpflanze

Duft schafft Beziehung. Wo es duftet, können wir die Augen schließen und das Herz öffnen. Duft weckt Gefühle. Duft lockt und signalisiert Bereitschaft zu Begegnung, nicht nur in der Pflanzen- und Tierwelt. Düfte verwandeln ein «Mauerblümchen» in eine «Femme fatale». Duft unterstützt Offenheit und dient täuschendem Rollenspiel im menschlichen Umgang.

Duftquelle vom Mittelalter bis zur Neuzeit • Biologisch-dynamischer Iris-Anbau heute • Wandel in der Duftindustrie

Duftquelle vom Mittelalter bis zur Neuzeit

Iris duftet nach Veilchen

Duft signalisiert Reinheit, Sauberkeit, Gesundheit. Wasser war Luxus im Mittelalter und die Tagesarbeit schwer. Schweiß riecht, Unrat stinkt. Von beidem gab es reichlich. Die Düfte Arabiens wurden als Kostbarkeiten teuer gehandelt, denn die heimischen Veilchen reichten nicht aus, den Duftbedarf der höfischen und bürgerlichen Gesellschaft abzudecken. Aber Veilchenduft war dennoch begehrt. Iris duftet nach Veilchen, wenn man es versteht, das ätherische Öl aus dem Rhizom zu gewinnen. Der Siegeszug der Iris als Duftquelle begann.

Abb. 66: Die Tradition des Irisanbaus in Norditalien wird neu belebt durch den biologisch-dynamisch arbeitenden Betrieb Simons van Hilton.

Leicht war es, sie auf den sanften Hügeln der Toscana anzusiedeln. Vor allem eine Art, die Iris pallida, die lichte, himmelblaue, fühlte sich in der lockeren Erde wohl. Die südliche Sonne löst vermehrt den Reiz zur Bildung von ätherischem Öl aus. Eine neue Erwerbsquelle wuchs rasch heran, denn dank der vegetativen Vermehrung über die teilbaren, liegenden Sproßabschnitte konnte in kurzer Zeit ein ganzes Irisfeld bestückt werden. Gräbt man im Herbst ein handtellergroßes Rhizomstück aus, so läßt es sich mühelos in sechs bis acht eigenständig wachsende Pflanzabschnitte teilen. Binnen

Abb. 67: Die dünne Korkschicht des Rhizoms schälend zu entfernen ist ein «Kunst»-Handwerk und erfordert viel Geduld.

weniger Jahre überzogen riesige Irisfelder Mittelitalien bis hinauf in den Apennin.

Zur Blütezeit wogte ein Duftmeer, denn Iris pallida hat die Eigenschaft, daß sie sehr verströmend lebt, hingebungsvoll an die sie bestäubenden Insekten. Gleichwohl reichert sie genügend Duftstoff im Rhizom an, da sie wenig Kraft in die Vermehrung durch Samen fließen läßt. Bei ihr verkümmern die meisten der angelegten Fruchtknoten, so sehr «konzentriert» sie sich auf die vegetative Ausbreitung. Ob der Mensch züchterisch nachhalf, indem er die Anlage zu besonders großen Rhizomen förderte und isolierte, ist nicht überliefert bei Tschirch, der die Iriskulturen in Italien ausführlich beschreibt.

Irisbauer und Irisschälerin

Neue Berufszweige entstanden: der Irisbauer, die Irisschälerin und die Rhizomaten, die den Wurzelstock weiterverarbeiten. Zur leichteren Gewinnung des ätherischen Öles mußten die Rhizome alle von Hand geschält werden. Ein Irisschälmesser wurde erfunden, das die dünne, aber zähe, korkartige Außenhaut entfernen hilft. Eine Aufgabe, die Feingefühl erforderte. Die Wellen- und Knollenstruktur erlaubt kein rasches Entlanggleiten des Schälmessers. Mit einem sorgfältigen Druck muß es schälend jede Kerbe und Gliederung erfassen. Wochenlang dauerte der Schälprozeß, und viel war nicht dabei zu verdienen. Die Devisen kassierten die Händler. Diese saßen in Florenz, das zur Irisstadt heranwuchs und die Iris bis heute im Stadtwappen trägt. Der Irisduft strömte in alle Welt. Aus der Iris pallida-caerulea, der himmelblauen, war die «Odoratissima» geboren.

Odoratissima, florentina, germanica und die Iris-Veilchen-Industrie

Genuß macht süchtig. Immer neue Duftvariationen forderte der Markt. Die violette dunklere und weit schwerer duftende Iris germanica wurde ebenso angebaut wie die italienisch leichtblütige, weiße Iris florentina. Sie erhielt ihren Namen von der Stadt Florenz, umgeben von weiß leuchtenden Irisfeldern und zugleich Handelszentrum des Irismarktes.

Alsbald duftete Zahn-, Wasch-, Streupulver (zwischen die Wäschestücke gestreut zur hygienischen Aufbewahrung im Schrank) nach «Iris-Veilchen». Über Tabak und Schnupfpulver inhalierten Männer den «Iris-Veilchen»-Duft. Die Iris-Industrie blühte.

Tschirch berichtet, daß um die Jahrhundertwende 800 bis 1100 Tonnen Irisrhizom in Italien geerntet wurden. Vorbei war die Zeit des Plinius, der beschreibt, wie ein Iriswurzelstock auszugraben ist, nämlich auf kontemplative Art und Weise. «Wenn man die Wurzel ausgraben will, gießt man drei Monate vorher Honigwasser um sie herum, um durch Schmeichelei die Erde gleichsam zu versöhnen, zieht mit der Spitze des Schwertes einen dreifachen Kreis um sie, sticht die Wurzel aus und hält sie sogleich gegen den Himmel empor. Kindern, welche Zähne bekommen sollen, hängt man die Wurzel um.»

Dieses Ritual beim Ernten des Rhizoms dürfte allein schon heilkräftig gewirkt haben.

Veilchenwurz

Bis heute hat sich der Gebrauch des Irisrhizoms als Kinderwurzel, Zahnwurzel oder «Veilchenwurz(el)» erhalten. Für 17 DM bekommt man eine sorgfältig getrocknete und gedrechselte Zahnungswurzel in der Apotheke. Man legt eine Wurzel für kurze Zeit in Milch oder Wasser, um den Quellvorgang anzuregen, dann dient sie Säuglingen als Beißwurzel. Für ihre natürliche Elastizität bei gleichzeitiger Festigkeit gibt es keinen modernen Plastikersatz. Allerdings muß sie sorgfältig gepflegt werden. Nach längerem Kauen sollte sie mit heißem Wasser ausgewaschen und zum vollständigen Trocknen ausgelegt werden. Dies verhindert, daß sich die im feuchten Milieu leicht gedeihenden Keime ausbreiten.

Donticelli

Donticelli ist der klingende italienische Name für diese Beißwurzeln. Bis heute gibt es im Apennin Anbaugebiete für Donticelli, die über Händler in viele Länder gehen. Für ihre Herstellung benötigt man geradlinig gewachsene Rhizomteile, wie es der zentrale, liegende Sproß darstellt. Alles Knollige, Kleine, Krumme gilt aus dieser Sicht als «Abfall», ist jedoch für die ätherische Ölgewinnung nicht minderwertig. So kann also ein Rhizom für die verschiedensten Bedürfnisse ausgewertet werden. Zur Verwendung als Donticelli muß die Trocknung der Rhizome bei natürlicher Wärme binnen fünf bis sechs Tagen erfolgen, was eigentlich nur unter südlichem Himmel möglich ist.

Biologisch-dynamischer Iris-Anbau heute

Sehen wir uns einmal um in einem modernen Irisanbaugebiet. Querciola ist eine Streusiedlung aus alten großen Bauernhöfen im Apennin. Sie liegt auf einem Hügelzug, rund 1000 m hoch. Das Auto bleibt besser im Tal zurück vor dem Beginn der handgeschütteten Schotterstraße. Gutes Schuhwerk, robuste Kleidung ermöglichen den Aufstieg durch Wildrosen-, Sanddorn-, Schlehen- und Brombeerdickicht und schützen beim Durchqueren der kleinen Bergbäche. Ein sicherer, kräftiger Tritt warnt die Vipern, die ihre Reviere an den warmen Südhängen durchschlängeln. Vogelgezwitscher und aromatischer Kräuterduft locken den steil aufwärtsführenden Pfad hinan.

Simon van Hilton aus Holland hatte bei dem Bemühen, seine Agrarkenntnisse sinnvoll einsetzen zu können, dieses Gelände entdeckt, diesen Ort, an dem «die Alten» fast ausgestorben, von dem «die Jungen» teilweise weggezogen waren. Verlassene Häuser, verwildertes Kulturland, unberührte Wälder und Bergwiesen nahmen den Neunzehnjährigen vor zwanzig Jahren in ihren Bann. Mit einem holländischen eisernen Spaten hob er seinen Traum aus der italienischen Erde. Seine Vision, konsequent nach biologisch-dynamischen Prinzipien zu wirtschaften, nahm Gestalt an: in Melisse, Fenchel, Lavendel – und Iris.

4000 bis 5000 Veilchenwurzeln jährlich

Mit der Pflege der Gesundheit muß man beim Säugling beginnen. Simon van Hilton baut Calendula in Demeterqualität an. Doch auch Zahnpflege war ihm wichtig: Donticelli wollte er drechseln, Zahnungswurzeln ohne Kunstdünger und Spritzmitteleinsatz. Jährlich verkauft er 4000 bis 5000 «Veilchenwurzeln» an Händler, die Apotheken beliefern.

Optimale Wachstumsbedingungen

Im Mai leuchten aus der Fülle der inzwischen 15 Hektar umfassenden Kräuterkultur Felder und Oasen voll hellblauer Iris pallida. Drei Wochen lang dankt sie mit ihrem veilchenartigen Duft für all die Mühe, die ihr Anbau kostet. Irisanbau ist reine Handarbeit, ist Knochenarbeit, denn der verwertbare Pflanzenteil, das Rhizom, klammert sich fest an seinen nährstoffreichen Untergrund, den Fliesch des Apennin. Fliesch ist ein Konglomerat aus leicht verwitterndem Schiefer, der den Boden fruchtbar macht; der zweite Bestandteil, Kalk, sorgt für raschen Abzug der Feuchtigkeit. (An Regen mangelt es im Apennin nicht, und Iris flieht bekanntlich Staunässe.) Tonanteile verdichten wiederum die Krume und bieten den wenig verzweigten Wurzeln Halt. Wärme, Wasser, kraftvolle, gut durchlüftete Erde sind optimale Wachstumsbedingungen für Schwertlilien.

Einjährige Irisfelder stehen in lichten Reihen. Der Pflanzabstand beträgt 60 bis 70 cm. Großblättrige Malven dienen als Zwischenkultur für die Rhizome; zusätzlich wird gemulcht, auch um das Wuchern von Beikräutern zu verhindern. Nach zwei Jahren kann, nach vier Jahren muß mit der Ernte der Rhizome begonnen werden. Es ist eine Entscheidung zwischen Wirtschaftlichkeit und persönlichem Kräftevermögen. Nach zwei Jahren ist die Ergiebigkeit des Ackers noch längst nicht ausgeschöpft; nach vier Jahren beginnt das Feld unterirdisch so zu «verfilzen», daß das Graben nach den Wurzelstöcken zur Qual oder sogar unmöglich wird.

Ernte und Verarbeitung

Simon van Hilton gräbt selbst, noch immer mit seinem volleisernen Spaten, der nicht brechen kann und den er nur aus Holland bekommt. Er mutet die Schwerstarbeit unter der sengenden Augustsonne keinem anderen zu. Die Mitarbeiter, aus vielen Ländern zusammengekommen, stehen am Rand der Reihen, übernehmen die schweren Wurzelstöcke, schütteln die wertvolle Erde zurück aufs Feld. Sie werden die langwierige Arbeit des Schälens übernehmen, Simon van Hilton das Drechseln der Donticelli, das die Wintermonate füllt.

Irisrhizome sind kostbar. Kein Teilstück dieses so mühsam gewonnenen Wurzelstockes wird vergeudet. Junge Abschnitte des liegenden Sprosses dienen der vegetativen Weitervermehrung. Kaum spüren sie den Boden des neuen Feldes unter sich, beginnen sie sich zu bewurzeln, und nach kurzer Winterruhe verzweigen sie sich nach dem bekannten dichotomen Prinzip.

Ältere, an Öl gehaltvolle Abschnitte werden nach dem Trocknen vorwiegend an die Weleda geliefert. Für die Iris-Körperpflegeprodukte, die vor allem der Feuchtigkeitsregulierung der menschlichen Haut dienen, wird diese hohe Qualität gefordert.

Warum diese Mühsal bei der Irisernte? Bisher existiert keine Maschine, die mit der Sorgfalt eines Menschen das Ernten durch Graben ersetzen könnte. Wir hatten gesehen, daß die Rhizomhaut aus einer dünnen Korkschicht besteht und daher leicht verletzlich ist. Jede, auch die kleinste Schürfung führt zum Verlust des kostbaren ätherischen Öls, das Schleim und Saft des Rhizoms gebunden enthalten.

Abb. 68: Zweijährige Iriskultur: Rhizome werden gemulcht, um sie vor Austrocknung zu schützen und unerwünschte Beikräuter zu verhindern.

Wandel in der Duftindustrie

Ende des einstigen Iris-Booms

Wird die Ernte einmal nicht bewältigt in diesem maximalen Vierjahresturnus, wildert das Feld aus. In Ritzen zwischen den Rhizomabschnitten siedeln sich Gräser, Labkräuter, Glockenblumen an.

So treffen wir auch heute noch auf «verwilderte» Iriswiesen, die an die einst so große Vergangenheit und Üppigkeit des Irisanbaus in Mittelitalien erinnern.

Zum Ende des einstigen Iris-Booms haben sicherlich mehrere Faktoren geführt. Konkurrenzgebiete liefen der Toscana den Rang ab. Grasse in Frankreich vereinte Anbaugebiet und weiterverarbeitende Industrie, die das ätherische Öl herausdestillierte. Macedonien, Marokko, Indien, China wurden Billiganbauländer mit großer Quantität. Sie liefern allerdings schlechtere Qualität, was leider oft zu spät erkannt wird. Iris ist eben kein Fließbandprodukt, so daß die Irisrhizome von S. Polo und Castellina dennoch wegen ihrer weit höheren Qualität auf dem Markt siegten.

Vom synthetischen Parfüm zurück zu natürlichen Duftstoffen

Insgesamt aber litt der Anbau natürlicher Duftstoffe unter der Erfindung von synthetischem Parfüm. Von den zwanziger Jahren an strebte diese Industrie zunächst konkurrenzlos auf. Heute ist der Trend zu reinen Naturprodukten im Steigen. So ist es vielleicht nur eine Frage der Zeit, bis Italiens Hügel wieder irisblau leuchten.

Die Nutzpflanze

In Deutschland gab es nie Iriskulturen von italienischem Ausmaß. Dennoch wird Nützliches von Iris germanica erzählt.

Iris germanica, früher: illyrica

Iris germanica, früher illyrica, steht in ihrem Stammbuch. So einfach liest sich dieses Iris-Schicksal aus botanischer Sicht. Illyrien war das spätere Jugoslawien. Vermutlich war diese Iris über Griechenland eingewandert, denn eine farbige Abbildung geht auf Dioskurides zurück, der um 500 v. Chr. als Arzt und Naturkundiger – was damals untrennbar war – in Griechenland lebte. Er muß die Iris illyrica eingehend studiert haben, denn er zeigt ihre Dreigliederung: liegender Sproß mit Wurzeln, senkrecht stehender Sproß mit Blättern und die Blüte. Ihre heilende Wirkung bei Wassersucht war ihm nicht fremd.

Experimente mit Klöstern

Wie erwähnt, war sie mit den nach Norden ziehenden Benediktinermönchen über die Alpen gekommen. In Klöstern wie Benediktbeuren, Reichenau, Rupertsberg (Hildegard von Bingen) wurde naturwissenschaftlich geforscht. Untersuchungen beruhten vorwiegend auf exakten Beobachtungen der Pflanze in Aussehen, Wachstum, Veränderungen im Jahreslauf. Geschmacksproben deckten Zusammenhänge auf. Experimente liefen: Abkochungen mit Wasser aus frischen und getrockneten Pflanzenteilen, Destillation mit Wasserdampf, Auszüge mit Weingeist, Wasser, Wein, Ölen. Kräuterfrauen «kochten ihr eigenes Süppchen». Ihre Erkenntnisse waren wertvoll und hoch geachtet. Reisende erzählten Geschichten über Kräuter, Samen, Gewürze aus fernen Ländern. Alles, was die Natur kostenlos zu bieten hatte, war von Interesse.

Walahfried Strabo, um 840 Abt der Reichenau, kultivierte Iris germanica und empfahl ihre heilende Wirkung poetisch verpackt dem Abt von St. Gallen: «Deiner Wurzel getrocknete Stückchen lösen zerrieben / Wir in flüssigem Wein; und der Blase grausame Schmerzen / Dämpfen nicht minder wir mit diesem köstlichen Heiltrank.»

Aber Walahfried kannte auch ganz andere nützliche Effekte aus der praktischen Anwendung bei den Leinwebern, und er dichtete weiter: «Du gibst

Abb. 69: Iris illyrica, gemalt von Dioskurides (um 500 v. Chr.)

dem Walker das Mittel, / Mit dem er das Leinengewebe glänzend und steif appretiert / Und ihm den Duft wie von Blumen verleiht.»

Zur besseren Gleitfähigkeit der Leinenfaser beim Spinnen

Ilse Lindner berichtet von den «Lecktrögeln», die am Spinnrad angebracht waren und Irisschleim enthielten, mit dem die Spinnerinnen ihre Hände anfeuchteten, um den Faden besser durchgleiten zu lassen. Die Leinenfaser ist nicht – wie die Wollfaser – mit einer natürlichen Fettschicht ausgestattet und gleitet daher eher widerspenstig durch die Finger, die beim vielen Spinnen davon wund werden.

Das Familienwappen der Fugger ist die Iris, Ilge oder Gilge genannt. Jakob II., der reiche Fugger, schrieb sich «von der Gilgen», nicht etwa, weil er mit Iris Handel trieb, sondern weil die Fugger ursprünglich Leinenweber waren im Dorf «Graben auf dem Lechfelde».

Seilherstellung

Aus den getrockneten, zäh-elastischen Irisblättern sollen im Altertum Seile gefertigt worden sein.

Natürliches Rouge

Das pulverisierte Rhizom, das feinste Kristallnadeln enthält, diente als Schminkmittel. Es ritzt auf kaum merkliche Art die Gesichtshaut und rötet sie. Es ist anzunehmen, daß der zusätzliche Schleimgehalt die negativen Nebenwirkungen dieser Anwendung aufhob und eher zu einer Geschmeidigkeit der Haut beitrug. Auf jeden Fall sind die heutigen Iriskosmetika sehr ausgewogen in ihren Zusammensetzungen und in ihrer Wirkung, obgleich sie teilweise auf alten Rezepturen fußen.

Die Heilpflanze

Die Ethnomedizin erforscht heute weltweit ursprüngliche Anwendungen natürlicher Stoffe und deren Rezepte.

Gegen Wassersucht

Von Irisarten auf dem amerikanischen Kontinent wird durch die indianische Medizin überliefert, daß Iris das beste Mittel gegen Wassersucht war. Speziell diese Indikation zieht sich durch alle Kulturen, die Iris kannten.

Im 7. Vortrag des II. Medizinischen Kurs führt Rudolf Steiner aus:

«Nun, bei der Schwertlilie haben wir es mit etwas zu tun, was schon durch seine äußere Offenbarung zeigt, daß es stark auf das Ich wirkt; der widerliche Geruch und der bittere Geschmack, die sind etwas, was sogleich verrät, daß wir es da mit etwas zu tun haben, wo das Ich in starke physische Wechselwirkung mit der Außenwelt tritt. Wir haben in der Schwertlilienwurzel nun aber auch etwas, was diese physische Tätigkeit recht sehr anregt, nämlich Gerbsäure. Wir haben wiederum darinnen etwas, was auf die Ichtätigkeit wirkt, nämlich Stärkemehl. Und wir haben endlich etwas, was ja durch seine physische Wirkung überall wirkt, wo es hinkommt, wenn es dazu angeregt wird, wir haben Harze in der Schwertlilienwurzel. Durch das alles wird das Ich in besonders rege Tätigkeit versetzt. Das Ich kann durch solche Anregung besonders in die Flüssigkeitsorganisation eingreifen, wenn diese den organisierenden Kräften – in wassersuchtartigen Krankheitszuständen – zu entfallen droht.»

Die deutsche Volksmedizin kennt vielfältige Rezepte:

- Die gut getrocknete Wurzel wird gepulvert. Davon nimmt man eine Messerspitze. Irispulver mit Rhabarberwurzelpulver vermischt in Wein oder Gerstenwasser ergibt das Mittel gegen Wassersucht.
- Auch die ganze Wurzel in Wein gesotten regt die Blasentätigkeit an und treibt das Wasser aus.
- Getrocknete und pulverisierte Wurzel mit Honig löst zähen Schleim in den Bronchien, fördert den Auswurf.
- Drei Messerspitzen davon in Honigwasser verhelfen zu ruhigem Schlaf.

Abb. 70: Vergleichen wir die fotografische Iris-Dokumentation mit der Darstellung von Dioskurides, erkennen wir seine treffliche Beobachtung und Kunst der Wiedergabe.

Auch äußerliche Anwendungen galten als wirksam:

- Das Pulver mit Honig vermischt sollte die Zellgewebsregeneration anregen bei Wunden und Fisteln. Die gekochte Wurzel mit Harz vermengt als Umschlag bei Schmerzen in Hüfte und Krampfadern.
- Frisch gepflückte Blätter werden zerquetscht und auf Brandwunden und Geschwüre gelegt.

Eine Teezubereitung ist ebenfalls überliefert:

- 1/2 Teelöffel der gepulverten Wurzel auf eine Tasse Wasser kalt ansetzen und acht Stunden ziehen lassen, abseihen, anwärmen und trinken bei Stirnhöhlenkatarrh, Nervenschmerzen, auch Phantomschmerz.

Fertige Pulverprodukte

Japaner setzen gerne geschnittene Irisblätter dem Badewasser zu. Dies führte zur Herstellung fertiger Pulverprodukte aus den Blättern und dem Duft der Blüten der Iris-Ensata-Kämpferi-Arten, die Feuchtwiesen und Bachläufe überwuchern.

Symptomenkatalog nach dem Ursachenprinzip

Stellen wir den Symptomenkatalog nach dem möglichen Ursachenprinzip zusammen, so liest er sich deutlicher.

Migräne, so hören wir von den Betroffenen, tritt häufig auf in der Umbruchphase der Pubertät, und zwar bei beiden Geschlechtern. Sie wird zum lästigen, ja selbstzerstörenden Lebensbegleiter, wenn wir ihre energetischen Zusammenhänge nicht erkennen. Die Energiebahnen des Blasen- und Gallenblasenfunktionskreises sowie des Magens durchlaufen den Kopf, einschließlich des Gesichtes. Auch hier ist es wohl die der Iris innewohnende Kraft, die Ausscheidung anzuregen, die auf Gallenblasen-, Blasen- und Magenmeridian lösend wirken kann, die Nierenenergie stärkt und dadurch Ängste löst.

Atemwegsorgane und Verdauungsorgane bilden wiederum eine energetische Einheit. Ob Magenschleimhaut, Darmschleimhaut oder Bronchien, das schleimproduzierende Prinzip der Iris könnte hier regulierend einwirken.

Arzneimittel mit Iris

Durchforsten wir unsere randvollen Arzneimittelregale heute auf der Suche nach Iris-Medikamenten, so begegnen wir ihr leider selten.

Frauenmittel und Migränemittel enthalten vereinzelt Iris in homöopathischer Form. Dafür ist als Ausgangsstoff das frische Rhizom erforderlich. Unter rhythmischen Bewegungen geht in einem Schüttelverfahren die Iris-Energie an den Trägerstoff Weingeist über, der als Vermittler dem menschlichen Körper einverleibt wird und so seine Wirkung im feinstofflichen, sogenannten intermediären Stoffwechsel heilend ausbreitet. Die anthroposophisch erweiterte Medizin und die auf ihr basierende Körperpflege regt auf diese Weise die Selbstregulierungs- und Selbstheilungskräfte im Menschen an.

Die bekannten Weleda Iris-Körperpflegemittel zählen zu diesen sorgfältig hergestellten Produkten.

Abb. 71: Fließende und formbildende Kräfte lassen Iris zur Heilpflanze werden.

Irisarten

Eine weltweite Iriszählung bringt kein endgültiges Ergebnis, denn fast täglich entstehen irgendwo in Gärtnereien, bei Liebhabern und Züchtern neue Irisarten. Jeder Iriskatalog ist im nächsten Jahr überholt. Nur Orchideen und Rosen sind konkurrenzfähig, was solchen Artenreichtum betrifft.

Über 250 Wildirisarten

Es ist im Rahmen dieses Buches nicht möglich, auch nur einen Bruchteil der verbreiteten Wild- und Zuchtformen zu beschreiben. Sehen wir von den «künstlichen» Hybriden ab, so existieren dennoch über 250 Wildirisarten, die sich selbst über die Jahrmillionen gekreuzt haben, sogenannte Naturhybriden. Im Spektrum der Regenbogenfarben, das in den Irisgewächsen schlummert, liegt die Voraussetzung für solch große Variabilität. Auf Grund des hohen Alters und der weiten Verbreitung der Irisgewächse, auch durch den Menschen, ist es schwierig, einen eindeutigen Stammbaum zu erstellen.

Hohe Bartiris-Arten: Iris germanica, florentina und pallida

Bei den drei pharmazeutisch und kosmetisch verwendeten Arten, die das «Rhizoma iridis» liefern, berufe ich mich auf die jüngsten Ergebnisse der «Ahnenforschung» von Frau Dr. T. Erny-Rodmann vom Botanischen Garten der Universität Basel.

Iris germanica, Iris florentina und Iris pallida zeichnen sich durch den rhizomartigen Wurzelstock aus, die Ausbildung des Bartes auf den Hängeblättern und den hohen Wuchs. Alle drei gehören daher zur Barbata-Elatior-Gruppe, den Hohen Bartiris-Arten. «Diese beinhaltet die heutigen tetraploiden Sorten (vierfacher Chromosomensatz) der Hohen Bartiris, welche aus Kreuzungen der mittelalterlichen diploiden Iris germanica (doppelter Chromosomensatz) mit vorderasiatischen Arten entstanden sind. Die diploide Iris germanica ist insgesamt ein undefinierbares, genetisches Konglomerat. (Der Botaniker Clusius beschrieb vor 350 Jahren schon 28 Iris-germanica-Typen.) Welche Arten an der Bildung dieser alten Hybride Iris germanica (1750 vom schwedischen Botaniker Linné so benannt) beteiligt sind, ist ungewiß ... Zweifellos ist Iris pallida eine der Stammeltern der heutigen Hohen Bartiris» (Dr. Erny-Rodmann).

Abb. 72: Eine der «barocken» Neuzüchtungen. Obgleich die Farbe Blau reduziert ist, bricht der Wasserimpuls in der starken Wellung durch.

Iris germanica mit ihren blau-violetten Blüten und Iris florentina alba mit ihren weißen, Iris florentina flavescens mit ihren zartgelben Blüten sind botanisch gesehen keine reinen Arten, sondern uralte stabilisierte Hybriden.

Iris pallida scheint ihre Neigung zur Variation stärker zu leben, denn in Querciola züchtet Simon van Hilton bereits eine neue Art, die keine Blüten entwickelt und deren Rhizome vom Geschmack her noch zarter und angenehmer sein sollen, also noch besser als Donticelli geeignet.

Neuzüchtungen Inzwischen ist die Spielmöglichkeit mit Farbnuancen schon sehr weit ausgereizt. Neueste Züchtungen zielen mehr auf Formveränderungen. Über tausend fantasievolle Neuheiten entstammen den Zuchtlaboratorien. Manchmal möchte man sie als Züchtigungsanstalten bezeichnen, denn die Ergebnisse widersprechen bereits natürlichen Funktionen. An zwei Beispielen wird dies deutlich: Durch – übertriebene – barocke Wellung wird der Blütenblattrand zu schwer, um durch Turgorschwankung als Temperaturregler für das Nektarinum zu dienen. Der Bartteil auf den hängenden Blütenblättern, der von der Natur als Lande- und Festhalteplatz für Insekten konzipiert war, wird in einer frei nach oben stehenden Spitze vom Blatt spornartig abgesetzt, was seiner ursprünglichen Funktion völlig widerspricht.

Irisgewächse mit Zwiebel Als Basislager der Pflanze hatten wir das Rhizom in den Vordergrund gestellt. In der großen Familie der Irisgewächse gibt es auch einige «Fremdgänger», die sich mehr den Liliengewächsen verbunden fühlen und eine Zwiebel als Fortpflanzungsorgan und als Nahrungsspeicher ausbilden. Wer von beiden das Anrecht auf die Erstgeburt hat oder ob sie gar getrennt in verschiedenen Gebieten entstanden sind, ist nicht geklärt.

Iris-Stadt Florenz War Florenz jahrhundertelang Umschlagplatz des Irishandels, so ist es heute jährlicher Treffpunkt internationaler Iriszüchter. «Miß Iris» wird gekürt nach strenger Jurierung. Der Concorso internationale dell' Iris, die einmal im Jahr stattfindende Schauprozession der neuesten Irisarten, symbolisiert den modernen Siegeszug der Iris durch Florenz und die ganze Welt. Die Iris im Florentiner Stadtwappen trägt noch immer ihre Berechtigung.

Iris-Garten Ein gut angelegter Iris-Garten ist ein Kunstwerk, denn Iris liebt die Individualität. Ein blühendes Iris-Feld wirkt eigentümlich unruhig, wie eine zu dicht stehende Menschenmenge. Dagegen verträgt sich Iris gut mit anderen Pflanzen. Nur eines beeinträchtigt ihr Wachstum: Enge. Sie will nicht von kriechenden Stauden überwuchert werden. Einen kleinen Ortswechsel alle paar Jahre dankt sie mit kräftigem Blütenansatz. Der Maler Monet war verliebt in seinen Iris-Garten mit Teichen und Brücken.

Im alten China war der Iris-Garten ein Sinnbild für das Tao – das Sein, den Fluß der Zeit, der unmerklich strömt. Rückschauend können wir diese Gleichsetzung sicherlich verstehen.

Abb. 73: Vom zarten Wasserblau bis ins erdige Gelb-Braun-Kupfer spielen die neuen Farbzüchtungen.

Abb. 74: In Form und Farbe ist Iris auch im Ausschnitt aus einem Hängeblatt unverkennbar.

Abb. 75: Die Grenze der Barockisierung der Domblätter ist erreicht. Schwere Regentropfen drohen nach innen zu fließen und das Nektarinum zu verwässern.

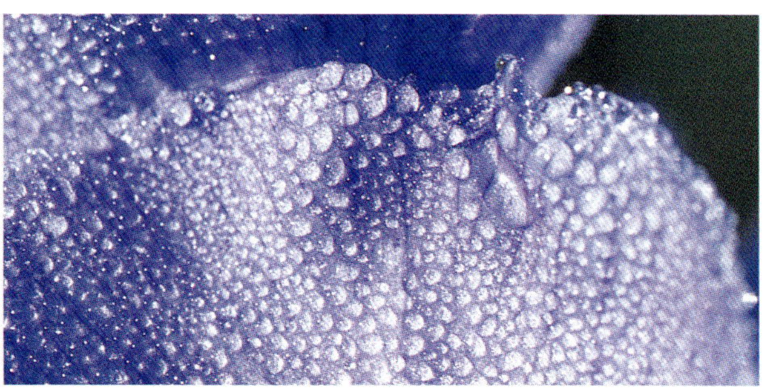

Die Iris verstehen

Phänomene lassen sich nicht erklären, zerlegen, deuten. Sie sind Erscheinungsformen, Bilder, die wahrgenommen werden wollen. Das Wahrnehmen eines Phänomens führt zu Assoziationen, zu Vergleichen. Es regt an, die Einzelerscheinung in einen größeren Zusammenhang einzubinden, sei es räumlich oder zeitlich. Unter diesem Aspekt soll die uns nun vertraute Pflanze Iris in ihren Besonderheiten neu betrachtet werden.

Wie der Duft in Verwandlung die ganze Pflanze durchdringt und mit dem Kosmos vereint, so durchströmen die physiologischen Prozesse die Irispflanzenteile und verbinden sie wesenhaft untereinander und mit der Erde.

«Da, wo das Grün zum Bläulichen abgestuft ist, da ist das, was sich in der Natur als das Zukünftige erweist», erkannte Rudolf Steiner und war überzeugt von der Entwicklung des Blau aus dem in der Erde liegenden Pflanzenteil.

Wasser als treibende Kraft, Wasser als Medium des Durchdringens, Wasser als verbindendes Element soll uns noch einmal bei der Iris beschäftigen.

Strukturen – Die Wellung • Formen – Die Dreizahl • Farben – Das Regenbogenspektrum • Texturen – Zellgewebe • Prozesse – Wasser • Prozesse – Wandlung

Strukturen — Die Wellung

Fließen wird in der äußerlichen Wellenbildung sichtbar

Eine Bewegung durchpulst die Iris vom Rhizom bis in den äußersten Blütenblattrand. Es ist die Welle.

Eine Urbewegung des Wassers ist das Strömen und Gegenströmen; Wellenbewegung ist eine elementare Ausdrucksform des Fließens.

Während sich Wellen in frei strömenden flutenden Gewässern vor unseren

Augen bilden und auflösen, erfolgen diese Prozesse innerhalb organischer Strukturen, wie sie Pflanzen, Tiere, Menschen darstellen, gleichsam in Zeitlupe. Die Fließgeschwindigkeit selbst ist nicht sichtbar, wohl aber die daraus entstandene Formenvielfalt.

Wasser – das Blut der Erde

«Was als Saftstrom in der Pflanze sichtbar wird, ist nur die eine Hälfte ihres Gesamtkreislaufs, die andere liegt in der Atmosphäre bzw. in der Erde. Die Pflanzen sind Gefäßsysteme, durch welche das Wasser strömt, das Blut der Erde, und mit der Atmosphäre im Austausch steht. Erde, Pflanzenwelt und Atmosphäre bilden zusammen einen großen Organismus, in dem das Wasser als das lebendige Blut strömt.» So sieht Th. Schwenk in seinem Buch *Das sensible Chaos* die große Durchdringung allen Lebens, denn ohne Wasser gibt es kein Leben.

Zeit und Zeitlosigkeit im Rhizom

Dies führt uns zu einer tieferen Betrachtungsweise der Wellenstrukturen bei den Irisgewächsen. Im Rhizomteil lernten wir die zeitlich bedingten Einschnürungsphasen kennen. Es ist die Wellenstruktur aufgrund der Wasseraufnahme und Bewegung im Verlauf der Jahre. Diese Teile strahlen dadurch eine gewisse Zeitlosigkeit aus und die Gleichförmigkeit einer immerwährenden Dynamik.

Blutgefäßsystem in den Blatt-Trieben

Die Blatt-Triebe wirken im Gegenlicht, als ob sie stehende Wellen bergen; es sind die typischen parallel verlaufenden Wasser und Nährstoffe führenden Leitbündel, das «Blutgefäßsystem» der Irisgewächse.

Leichtigkeit des Wellenimpulses in der Blüte

Je weiter sich der Wellenimpuls von der Erdhaftigkeit löst, desto leichter, aber dennoch unübersehbar wird seine Ausprägung in der Blüte. Die Elemente Wasser und Luft spielen in den zarten Blütenblättern wie auf der Oberfläche eines Sees.

Eine mehrfache Wellenbewegung läuft über die gesamte Blütenkrone hinweg und in sie hinein bis in die verwachsenen Narbenblätter, schwingt nach oben und unten in Dom und Hängeblätter, huscht über den Blütenblattrand hinweg, taucht im Rückstrom wieder hinab ins Rhizom.

Pflanzen, die nicht einjährig, kurzlebig geprägt sind, sondern auf Überdauern der Jahrmillionen im vegetativen Bereich, verinnerlichen Wind, Wasser, Erdbewegungen anders als alle, die nur durch Samenbildung weiterexistieren. Im Rhythmus des Kosmos durchpulst «das Blut der Erde» Mineralien, Pflanzen, Tiere, Menschen.

Abb. 76 bis 79: Die Prägeform der Wasserenergie ist die Welle.

Abb. 76: Versteinerte Wellenstruktur im Tertiär-Schiefer bei Querciola

Abb. 77: Irisrhizom im Kalksteinvorkommen der Schwäbischen Alb mit den vergleichbaren Strukturen der Greifermuschel, einem Leitfossil dieser Formation

Abb. 78: Strom und Gegenstrom im wellenden Irisblatt

Abb. 79: Natürliche zarte Wellenstruktur eines Domblattes von Iris pallida

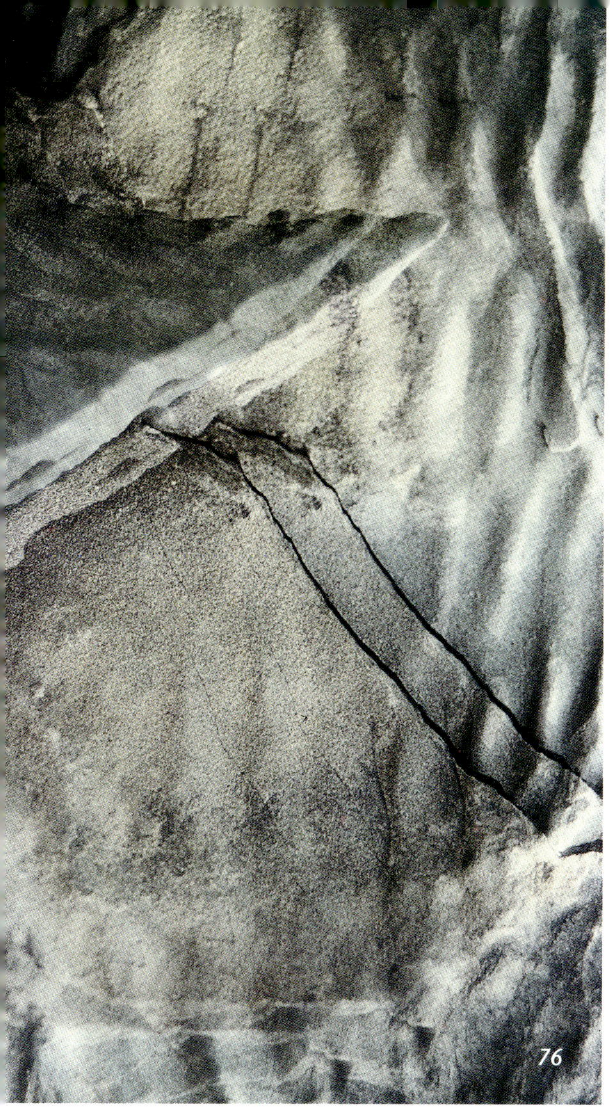
76

77

78

79

*Abb. 80:
Spiralig öffnen sich die drei Hängeblätter.*

*Abb. 81:
Drei Narben-Blumenblätter sind zu einem Dreistern verwachsen und bilden die mittlere Blütenebene.*

Formen — Die Dreizahl

Die Dreizahl und Dreigliedrigkeit läßt die Iris klar strukturiert erscheinen:

- liegende Achse = Rhizom
  spreitende Achse = Blattfächer
  senkrechte Achse = Blütensproß
- der junge Blattfächer entfaltet sich aus drei Schwertblättern; bei guten Wachstumsbedingungen wird er auf fünf erweitert
- drei bis fünf Seitentriebe tragen die Knospen, die nach drei Seiten in den Raum stehen
- drei zygomorphe Blüten bilden eine Blütenkrone
- die gesamte Blüte läßt sich in drei Ebenen gliedern: Dom, Hängeblattebene, Nektarinum
- ein dreifacher Stern entsteht durch die drei verwachsenen Narbenblätter
- in den Blütenblättern bilden drei zentrale Hauptadern das stabilisierende Element
- drei Kammern trägt der Fruchtknoten
- dreifach lockt die Irisblüte Insekten an: durch Farbe, Form und Duft.

Dialektisches und vermittelndes Dreier-Prinzip

Aus der Verbindung von weiblichem Narbenteil und männlichem Pollen entsteht das neue Wesen, im Samen geborgen. Aus These und Antithese entsteht die Synthese, philosophiert Hegel. Yin und yang bilden das Leben, denkt der Chinese. Als Symbol des alles umfassenden Prinzips, als Sinnbild der Vermittlung wird die Drei von vielen Völkern hervorgehoben.

Die Deutlichkeit der durchgehenden Dreistruktur bei der Iris dürfte mit zu ihrer Bedeutung in der abendländischen Kulturgeschichte beigetragen haben.

Christliche Dreifaltigkeit

Die christliche Trinität – Vater, Sohn und Heiliger Geist – wird im Mittelalter häufig dargestellt als Kopf aus drei Gesichtern, genau so, wie sich die Iris in den Raum hinaus entfaltet. In vielen Religionen begegnen wir dem Prinzip, daß die Wichtigkeit einer Aussage verstärkt wird durch die dreifache Darstellung. Sylvia und Paul Botheroyd schreiben aus ihrer Kenntnis des keltischen Kulturbereiches: «Die Verdreifachung des als Essenz des Wesens und der Lebenskräfte empfundenen Hauptes drückt eine bis zur Allwissenheit gesteigerte Machtfülle des Gottes aus.» Die gesamte Irisblüte wird zum Dom, wird zum sakralen Raum.

Ikebana

In der japanischen Kunst des Blumensteckens, dem Ikebana, wird die Dreizahl als Basis der verschiedenen Richtungen, in die Blätter und Blüten weisen sollen, streng eingehalten. Es sind die Ebenen: Himmel, Erde, Mensch; bei der Iris: Blüte, Rhizom, Blatt.

Mensch und Blatt, das lebenspendende Grün und die «grünende Menschlichkeit», diese Assoziation erinnert noch einmal an Hildegard von Bingen. Die Kette der Verknüpfungen ließe sich bis ins Unendliche fortsetzen; sie verbindet Zeit, Mensch und Natur.

Farben — Das Regenbogenspektrum

Nutzpflanzen der Iris: blau und violett

Iris aquarelliert sich selbst. Die Farben des Regenbogens kehren in den verschiedensten Irisarten wieder. Manchmal, wie bei Iris germanica, findet sich in einer Blüte sogar das ganze Spektrum von Violett nach Gold: violett die Dom- und Hängeblätter, rosa-violett die blumenartigen Narbenblätter, goldgelb der Bart, weiß, braun, orange das Saftmal. Bei den Nutzpflanzen-Irisarten überwiegen die blau-violetten Schattierungen. Verweilen wir deshalb bei deren Betrachtung.

Woher kommt diese Farbe? Wie entsteht aus einem hell-weißen Rhizom eine himmelblaue Blüte? Ein Dunkel-Violett, ja Schwarz bei den Neuzüchtungen? Wie die Dreizahl die ganze Pflanze durchdringt, so finden wir besonders bei Iris germanica Farbe als durchdringenden Indikator für Stoffwechselprozesse.

Farbwanderung

Entfernen wir am Blattfächergrund die Vorjahrestriebe, so tritt, kurz bevor der senkrechte Blütensproß treibt, eine blau bereifte Grundfärbung an der Blattspreite zutage. Nachdem der Blütensproß den Blattfächer hinter sich gelassen hat, steigt die Färbung auf zum ersten Stengelknoten und umfaßt den

transparenten Blattsaum des hochstehenden Sichelblattes, das die Knospe beherbergt. Zunächst tritt die Farbe ins Rötliche verdünnt auf als Knospensaum. Doch wenige Stunden später, während der Streckungsphase der Knospe, überflutet Purpur die einhüllenden Hochblätter. Ein Iris germanica-Feld leuchtet im Gegenlicht in diesem Stadium der Blütenentwicklung eigentümlich dunkelpurpurrot. Rasch verblaßt diese Erscheinung im Blatt-Teil. Dafür schiebt sich die Knospe aus ihren Hüllen im dunkelsten Blau-Violett-Schwarz. Und während die Blütenkrone sich in all ihren Violett-Nuancen entfaltet, schwinden Purpur und Grün aus Blattsaum, Stengelknoten und Hochblättern. Völlig farblos umhüllen letztere den Fruchtknoten.

Setzen wir dieses Steigen in Verbindung zu den Stoffwechselprozessen, die sich zur Zeit der Blütenentwicklung im Rhizom abspielen, nämlich die Verwandlung des ätherischen Öles in den Pflanzenduft der Blüte, der weit oberirdisch in den Luftraum verströmt, so könnte das Farbspiel damit in Zusammenhang stehen.

Findet unter der Einwirkung von Sonnenlicht und Wärme in der Wurzel eine Art Destillation statt? Gleicht die Entwicklung dieses Farbenspektrums eher den chromatografischen Steigbildern, die wir aus der chemischen Analyse kennen, wobei ein Stoffgemisch unbekannter Zusammensetzung in einem Lösungsmittel gelöst wird und über ein saugendes Medium in seine Fraktionen gespalten wird, die farblich gestuft nach oben wandern am Papier oder Kieselgelstab?

Wie immer das Phänomen zustande kommt, Farbe und Duft sind zwei wesentliche Elemente, die die ganze Pflanze durchdringen und zu einer großen Lebenseinheit zusammenbinden. Die Iris duftet blau-violett.

Abb. 82 bis 84: Phänomen der aufsteigenden Farbwanderung während der Knospenentwicklung

 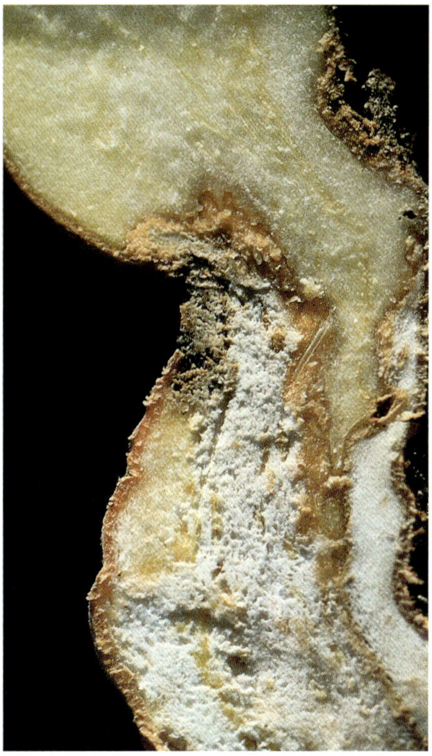

Abb. 85: Die korkartige Außenhaut bewahrt das Rhizom vor dem Austrocken und erlaubt durch ihre Elastizität Dikkenschwankungen des Wasserspeichers.

Abb. 86: Längsschnitt durch das Rhizom mit prallem Wasserspeicherteil (oben) und beginnendem Austrocknungsprozeß (unten)

Texturen — Zellgewebe

Geheimnis der Elastizität

Vergrößerungsglas, Mikroskop, aber auch das Makroobjektiv einer Kamera verlocken dazu, das Pflanzengewebe äußerlich und innerlich näher zu betrachten. Machen wir also mit dem Taschenmesser einen Längsschnitt durch das frisch ausgegrabene Irisrhizom und trocknen den ausblutenden Schleim und Saft ab.

Schwindet der Turgor, so treten die verschiedenen Gewebeteile deutlicher hervor: schwach gelblich, zäh, faserig die Gefäße, die als Leitbündel vom liegenden Sproß, Nährstoff führend, in den senkrechten Sproß überlaufen. Nach kurzer Trockenzeit fühlt sich das übrige Zellgewebe luftig an. Das Geheimnis der Elastizität der «Veilchenwurzel» beruht also auf diesem Phänomen und dem Schleimgehalt, der sich beim Trocknungsvorgang des geschlossenen Rhizoms eindickt.

Diese «Luftigkeit» pflanzt sich im Blattinnengewebe fort im Schwammparenchym. Bei tiefstehender Sonne können wir im Durchlicht fast mit «bloßem Auge» die großen Zellkammern zählen.

Bis hinauf in den Blütenblattbereich durchdringt das Gewebemuster der Großzelligkeit das Iriswesen.

Blütentau schützt vor dem Austrocknen

Früh müssen wir aufstehen im Mai, wollen wir Iris im Morgentau erleben. Maienregen, Frühlingssonne, kühle Nächte führen allmorgendlich das Phä-

Abb. 87: Irisblattoberfläche und menschliche Haut zeigen in der Vergrößerung ähnliche Porenstrukturen, die Voraussetzung für den Austausch von Feuchtigkeit.

Abb. 88: Die großzellige Papillenstruktur bewahrt einen Feuchtigkeitsfilm und läßt zu schwere Tropfen abgleiten.

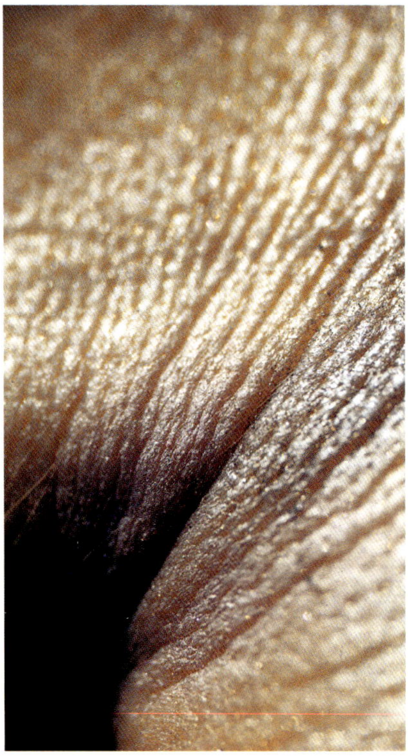

nomen des Blütentaus herbei. Vom Sonnenaufgang vor 6 Uhr bis gegen 8 Uhr funkelt und perlt es im Irisgarten. Tausend winzige Regenbogen irisieren den Dom, die Hängeblätter.

Einzelne Tropfen bilden lupengleich die Oberhautzellen so stark vergrößert ab, daß wir mühelos ihre Papillenstruktur, dieses Aufgewölbtsein, erkennen können. «Berge und Täler» wechseln und bilden eine Mikrolandschaft, die es ermöglicht, daß Tautropfen haften bleiben, solange sie klein sind. Schwerere zerfließen auf den sich hochwölbenden Papillen und rollen ab; sie würden sonst das zarte Blatt erdrücken und könnten bei starker Sonneneinstrahlung wie ein Brennglas wirken, welches das Gewebe zerstört. Stets bleibt ein Feuchtigkeitsschleier in den «Tälern» zurück, der auch, zum Beispiel an den Südhängen des Apennin, Iris pallida vor dem zu raschen Verwelken bewahrt, ehe die Befruchtung erfolgt ist.

Die abfließenden Wassertropfen werden teilweise von den transparenten Hochblättern aufgefangen und wie in kleinen Schüsseln festgehalten. So spenden sie dem unterständigen Fruchtknoten Feuchtigkeit. Verdunstet das Wasser, entsteht ein gewisses Maß an Verdunstungskälte, was wiederum der Erfrischung und Erhaltung der ganzen Blüte dient.

Irisblüte und Gesichtshaut haben ähnliche Texturen

Vergrößern wir im selben Maßstab wie die Irisblüte die menschliche Gesichtshautoberfläche, so stellen wir Parallelen in der Textur fest. Wundert es uns noch, daß die «Nar», die Iris, kosmetisch schon bei den Ägypterinnen sehr begehrt war?

Prozesse — Wasser

Alle Prozesse, die wir bei der Betrachtung der Iris miterlebt haben, stehen in enger Verbindung mit Wasser. Der Regenbogen als Wasser in seiner schönsten Form materialisiert sich in der Iris.

Die Iris «spielt» mit dem Wasser, aber sie vergeudet es nicht.

Guttation

Stehen wir noch einmal mit der Sonne auf. Die Schöpfung erwacht in einem Wassertropfen. Er ist nicht Tau. Fest klebt er an der Irisblattspitze, tänzelt mit dem Wind, während Tau auf Blüte und Blatt zerfließt. Der Tropfen stieg auf aus tieferen Schichten. Es ist das Phänomen der Guttation.

Dieser Begriff ist abgeleitet von gutta, d. h. Tropfen. Es handelt sich um die Fähigkeit, Wasser in Tropfenform auszuscheiden als Möglichkeit der inneren Feuchtigkeitsregulierung.

Wenn bei hoher Luftfeuchtigkeit das überschüssige Wasser nicht durch die eigentlichen Spaltöffnungen in die Luft austreten kann, dann wird es durch besondere Leitungsbahnen an den Blattrand geführt, wo es durch sogenannte Wasserspalten oder Hydrathoden austritt in Form von Tropfen, die morgens wie Tau erscheinen, aber einen anderen Ursprung haben. Außer bei der Iris kennen wir dieses Phänomen bei den Blatträndern von Erdbeere, Kapuzinerkresse, Frauenmantel und anderen.

Dieses Transpirationswasser, das infolge sehr hoher Luftfeuchtigkeit nicht durch Spaltöffnungen abgegeben werden konnte, wird nun durch die Wasserspalten des Blattrandes nach außen gepreßt. Hätte die Pflanze diese Möglichkeit nicht, so würde das Schwammparenchym, das luftige Blattgewebe, unter Wasser gesetzt, und dadurch würden sowohl Atmung als auch Assimiliation unmöglich gemacht.

«Kammerwasser»

Bei dem Impuls der Durchdringung mit Farbe hatten wir uns gefragt, ob sie ein Indikator sein könnte für eine Art von «innerer Destillation». Auch das «Kammerwasser» gibt Rätsel auf. Diesen Begriff fand ich bisher auch in keiner Literatur. Er möge dennoch für eine Beobachtung stehen, die sowohl für Iris germanica gilt als auch für Iris pallida, nur mit verschiedener Intensität.

Völlig geschlossene Sichelblätter, die in sich den Knospenansatz tragen, weisen an Maitagen, an denen die Sonne früh schon Wärme sendet, Wassertropfen in diesen «Kammern» auf. Bei Iris pallida liegen sie innerhalb des völlig geschlossenen, transparenten Schleiergebildes, das die junge Knospe vor Verdunstung schützt.

Abb. 89: An einem Irisblatt sind bei hoher Luftfeuchtigkeit sowohl Guttation als auch Tauperlen gleichzeitig zu beobachten.

Abb. 90: Das Phänomen «Kammerwasser» zeigt den besonders sorgsamen Umgang mit Feuchtigkeit.

All diese Phänomene lassen Iris wie ein «intelligentes, bewußtes System» erscheinen, und doch lebt sie «nur» ihre Natur. In ihrem Iris-Sein ist sie vollkommen. Sie liebt Wasser, aber sie vergeudet es nicht, sie erduldet Trokkenheit und vertraut dem Überdauern.

Durch die Jahrhunderte hindurch wandelte sie sich als Sinnbild vom Schwert zur Lilie, vom Machtsymbol zum Vorbild für ein neues Bewußtsein.

Prozesse — Wandlung

Iris steht für Wandlung.

Wasser – das kostbare Element – leuchtet im Blau der Irisblüte und umhüllt einzigartig blau unseren Planeten Erde.

Tropfen um Tropfen trinkt Iris das Wasser, läßt es in sich fließen, Zelle um Zelle fruchtbar werden, wie die Erde die mächtigen Ströme trinkt, die Wüsten in Oasen verwandeln.

Unter behutsamer und sorgfältiger Verarbeitung behalten auch die aus der Pflanze gelösten Stoffe ihre energetischen Fähigkeiten. Ein aus dem Iriswurzelstock gewonnener Extrakt wirkt über die Nieren regulierend auf das gesamte wäßrige System des Menschen, wirkt feuchtigkeitserhaltend auf die sensible durchlässige Membran, die Haut. Menschsein und Pflanzensein durchdringen sich. Wir stärken die heilende Wirkung dieser Prozesse, indem wir die Wechselwirkung der Energien durch unser erweitertes Bewußtsein stärker verinnerlichen.

Als Angebot und Herausforderung zugleich verstehe ich – an der Schwelle zum neuen Jahrtausend – die Aussage Friedrich Rückerts:

«Die Welt ist eine Lilie — eine blaue.»

Literaturhinweise

Bazin, Germain: Der Louvre. Droemer'sche Verlagsanstalt Th. Knaur Nachf., München, Zürich 1958.

Botheroyd, Paul und Sylvia: Lexikon der Keltischen Mythologie. Diederichs, München 1995.

Delleske, Cornelia: Goethes naturwissenschaftliche Methode. Tycho de Brahe Jahrbuch für Goetheanismus 1985. Verlag Freies Geistesleben, Stuttgart.

Düll, R. / Kutzelnigg, H.: Botanisch-ökologisches Exkursionstaschenbuch. Quelle und Meyer, Heidelberg, 5. Aufl. 1994.

Engel, Martin Fritz: Geheimwissen und Zauberglaube. Landbuchverlag, Hannover 1972.

Gallwitz, Klaus: Besuche im Städel. Suhrkamp Verlag, Frankfurt a. M. 1986.

Goethe, Johann Wolfgang: Naturwissenschaftliche Schriften. Mit Einleitungen, Fußnoten und Erläuterungen im Text herausgegeben von Rudolf Steiner. Photomechanischer Nachdruck nach der Erstauflage in «Kürschners Deutsche National-Litteratur". Rudolf Steiner Verlag, Dornach 1975.

Goethe, Johann Wolfgang: Das Märchen. In: Unterhaltungen deutscher Ausgewanderten. Verschiedene Ausgaben.

Hegi, Gustav: Illustrierte Flora von Mitteleuropa. Band 2, Teil 3, Blackwell, 3. vollst. neu bearb. Aufl. Berlin 1980.

Hesse, Hermann: Iris. Ein Märchen. Silberschnur Verlag, Güllesheim 1990.

Hildegard von Bingen: Heilwissen. Von den Ursachen und der Behandlung von Krankheiten. Übersetzt und hrsg. von Manfred Pawlik, Herder Verlag, Freiburg 6. Aufl. 1998.

Kayser, Felix: Kreuz und Rune. Verlag Urachhaus, Stuttgart 1964.

Klemm, Elisabeth: Das Evangeliar Heinrichs des Löwen. Insel Taschenbuch, Frankfurt a. M. 1988.

Lexikon der Symbole. Hrsg. von Österreicher-Mollwo, Marianne. Herder Verlag, Freiburg i. Br. 1979.

Lindner, Ilse: Die Iris. Privatdruck 1995.

Löhr, Otto: Deutschlands geschützte Pflanzen. Karl Winter Verlag, Heidelberg 1980.

Müller, Gerhard / Guanella, Hanni: Kreta. Cormoran-Reisebegleiter, Verlagshaus Goethestraße, München 1998.

Müller, Wilfried: Wundersame Blütenwelt, von Meisterhand gemalt. Spectrum Verlag, Stuttgart 1965.

Nigg, Walter: Franz von Assisi. Diogenes Verlag, Zürich 1997.

Nomachi Ali / Nasr, Seyed Hossein: Mekka. Die heiligen Stätten, die Landschaft, die Gläubigen ... Frederking und Thaler Verlag, München 1997.

Pelikan, Wilhelm: Heilpflanzenkunde. Der Mensch und die Heilpflanzen. Mit zahlreichen Pflanzenzeichnungen von Walther Roggenkamp. Verlag am Goetheanum, Dornach. Band 1, 5. Aufl. 1988; Band 2., 3. Aufl. 1982; Band 3, 2. Aufl. 1984.

Reinbothe, I. / Wasternak, C.: Mensch und Pflanze. Quelle und Meyer Verlag, Heidelberg 1986.

Schnezler, August: Die Lilien. Quelle und Meyer Verlag, Heidelberg 4. Aufl. 1992.

Schwenk, Theodor: Das sensible Chaos. Strömendes Formenschaffen in Wasser und Luft. Verlag Freies Geistesleben, Stuttgart. 9. Aufl. 1995.

Steiner, Rudolf: Aus der Akasha-Chronik. Schilderungen vergangener Entwicklungsstufen des Menschen und der Erde aus übersinnlicher Anschauung. Gesamtausgabe (GA) Bibl.-Nr. 11, Rudolf Steiner Verlag, Dornach 6. Aufl. 1986.

Steiner, Rudolf: Das Wesen der Farben. GA 291, Rudolf Steiner Verlag, Dornach 4. Aufl. 1991.

Steiner, Rudolf: Geisteswissenschaftliche Gesichtspunkte zur Therapie. Neun Vorträge für Ärzte und Medizinstudierende. Zweiter Ärztekurs. GA 313. Rudolf Steiner Verlag, Dornach 4. Aufl. 1984.

Tschirch, Alexander: Handbuch der Pharmakognosie. Tauchnitz Verlag, Leipzig 1909 – 1927.

Ulrich, Gerhard: Blumen im Bild. Bertelsmann Verlag, Gütersloh o.J.

Uranias Pflanzenreich. Urania Verlag, Leipzig 1971.